新能源汽车技术

第 2 版

主　编　宋建桐
副主编　陈俊杰　王　楠
参　编　成　林　赵　畅

机 械 工 业 出 版 社

本书内容包括新能源汽车发展的背景与现状；混合动力电动汽车的关键技术与分类，并以实例介绍了各类混合动力电动汽车的结构、原理及工作特点；纯电动汽车的结构、原理与关键技术；燃料电池电动汽车的结构、原理与关键技术；不同种类动力蓄电池的结构、原理、性能及其管理系统；常见电动汽车驱动电机的结构、原理及其管理系统；电动汽车的DC/DC变换、制动、转向、冷却及空调等辅助系统。

本书可作为职业院校新能源汽车技术、新能源汽车检测与维修技术专业以及其他汽车类相关专业的教材，也可作为相关技术人员的参考书。

本书配有电子课件，**凡使用本书作为教材的教师**可登录机械工业出版社教育服务网（www.cmpedu.com）注册后免费下载。咨询电话：010-88379375。

图书在版编目（CIP）数据

新能源汽车技术/宋建桐主编. —2 版 .—北京：机械工业出版社，2023.8

ISBN 978-7-111-73700-1

Ⅰ.①新… Ⅱ.①宋… Ⅲ.①新能源-汽车-职业教育-教材
Ⅳ.①U469.7

中国国家版本馆 CIP 数据核字（2023）第 155482 号

机械工业出版社（北京市百万庄大街 22 号　邮政编码 100037）
策划编辑：张双国　　　　　　责任编辑：张双国
责任校对：韩佳欣　李　婷　　责任印制：张　博
北京建宏印刷有限公司印刷
2023 年 11 月第 2 版第 1 次印刷
184mm×260mm · 9.75 印张 · 236 千字
标准书号：ISBN 978-7-111-73700-1
定价：35.00 元

电话服务　　　　　　　　　　网络服务
客服电话：010-88361066　　机 工 官 网：www.cmpbook.com
　　　　　010-88379833　　机 工 官 博：weibo.com/cmp1952
　　　　　010-68326294　　金 书 网：www.golden-book.com
封底无防伪标均为盗版　　机工教育服务网：www.cmpedu.com

前　言

发展新能源汽车是我国从汽车大国迈向汽车强国的必由之路。"十三五"期间，我国新能源汽车产业快速发展，逐步成为世界新能源汽车领域的创新高地。国家"十四五"规划明确提出要构筑新能源汽车等产业体系新支柱。

党的二十大报告明确提出，高质量发展是全面建设社会主义现代化国家的首要任务，也提出了绿色发展理念。在新时代，新能源汽车作为战略性新兴产业的地位相当稳固，依旧在国家重点发展的行业之列。新能源汽车产业是我国经济高质量发展和绿色发展，以及双碳目标达成的重要抓手。

国务院办公厅印发的《新能源汽车产业发展规划（2021—2035）》中，要求，以习近平新时代中国特色社会主义思想为指引，坚持创新、协调、绿色、开放、共享的发展理念，以深化供给侧结构性改革为主线，坚持电动化、网联化、智能化发展方向，深入实施发展新能源汽车国家战略，以融合创新为重点，突破关键核心技术，提升产业基础能力，构建新型产业生态，完善基础设施体系，优化产业发展环境，推动我国新能源汽车产业高质量可持续发展，加快建设汽车强国。

2022 年全国机动车保有量达 4.17 亿辆，其中汽车 3.19 亿辆，汽车中的新能源汽车 1310 万辆，同比增长 67.13%，呈高速增长态势。2022 年，新能源汽车产、销量分别达到 705.8 万辆和 688.7 万辆，同比增长 96.9% 和 93.4%，市场占有率达到 25.6%。在新能源汽车中，纯电动汽车、插电式混合动力电动汽车和燃料电池汽车产、销量继续保持高速增长。

本书由北京电子科技职业学院宋建桐任主编，陈俊杰、王楠任副主编。宋建桐负责编写项目 1 和项目 2，陈俊杰负责编写项目 3 和项目 4，成林负责编写项目 5，王楠负责编写项目 6 和项目 7，赵畅参与编写项目 2。

本书在编写过程中，得到了北京新能源汽车股份有限公司张洪超、北京理想汽车有限公司郑养鹏和北京汽车股份有限公司李海生的大力支持与帮助；同时，参考了大量的文献与资料，在此向所有文献与资料的作者表示感谢。

　　由于编者水平所限和新能源汽车技术发展日新月异，书中难免存在不妥之处，敬请广大读者和专家批评指正。

编　者

二维码清单

新能源汽车技术　第 2 版

（续）

目　录

新能源汽车认知

1. 知识目标

1）掌握新能源汽车的定义和分类。

2）掌握电动汽车的分类及特点。

3）了解中国及世界主要国家电动汽车的发展现状。

2. 能力目标

1）能够介绍新能源汽车的定义和分类。

2）能够叙述电动汽车的分类及特点。

3）能够介绍中国电动汽车发展历程与现状。

3. 素养目标

1）培养学生的节能环保意识。

2）培养学生的民族自豪感。

3）培养学生爱岗敬业、紧随专业发展的意识。

随着汽车工业的快速发展，汽车排放已经成为增长最快的空气污染源。在能源供应、经济贸易和环境保护三重压力下，减少汽车对于化石燃料的依赖并开发新型燃料已经迫在眉睫。

2014 年 5 月，习近平总书记在上海汽车集团考察时强调，发展新能源汽车是我国从汽车大国迈向汽车强国的必由之路。

1.1　新能源汽车概述

2020 年 9 月，我国工业和信息化部出台的《新能源汽车生产企业及产品准入管理规定》，将新能源汽车定义为"采用新型动力系统，完全或主要依靠新型能源驱动的汽车，包括插电式混合动力（含增程式）汽车、纯电动汽车和燃料电池汽车等"。

1.2　电动汽车的分类

电动汽车主要分为纯电动汽车、混合动力电动汽车及燃料电池电动汽车。

1

1. 纯电动汽车

纯电动汽车是驱动能量完全由电能提供、由电机驱动的汽车，驱动电机的电源为车载可充电储能系统或其他能量储存装置。其工作原理如图1-1所示。

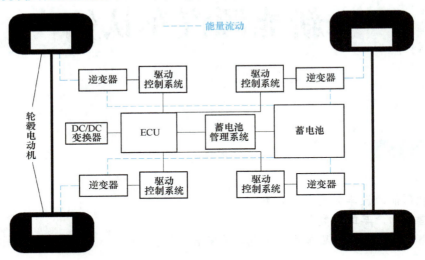

图1-1　纯电动汽车工作原理

2. 混合动力电动汽车

广义上说，混合动力电动汽车的车辆驱动系统由两个或多个能同时运转的单独驱动系统联合组成，车辆的行驶功率依据车辆的实际行驶状态由单个驱动系统单独或共同提供。通常所说的混合动力电动汽车，一般指油电混合动力电动汽车（HEV），即采用传统的发动机（柴油机或汽油机）和电动机作为动力源，也有的发动机经过改造使用其他替代燃料（例如压缩天然气、丙烷和乙醇燃料等）。混合动力电动汽车按动力系统的结构形式分为串联式、并联式和混联式（图1-2~图1-4）3种。

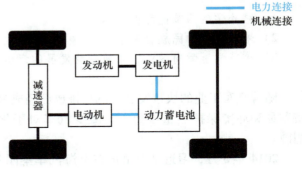

图1-2　串联式混合动力电动汽车

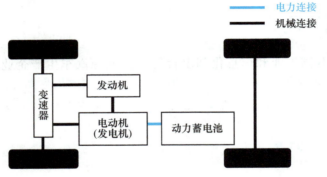

图1-3　并联式混合动力电动汽车

串联式混合动力电动汽车的动力来源于电动机，发动机只能驱动发电机发电，并不能直接驱动车辆行驶。因此，串联结构中电动机功率一般要大于发动机功率，才能满足车辆的行驶需求。可以把串联结构简单地理解为串联＝电动机＋发动机。

并联式混合动力电动汽车靠发动机或者电动机，或者它们二者共同驱动。并联结构可以简单地理解为并联＝普通汽车＋电动机。

混联式混合动力电动汽车在发动机和电动机协同驱动汽车行驶的同时，发动机还能带动发电机为动力蓄电池充电，不再像并联结构中的电动机需要身兼两职，并且理论上它能够实现发动机带动发电机发电，电动机驱动汽车的模式。当然，两个动力单元都能够单独驱动车辆。

3. 燃料电池电动汽车

燃料电池电动汽车即在电动汽车的基础上增加了燃料电池，并以电动机驱动车辆行驶。现阶段研究最广泛的燃料电池是氢燃料电池。氢燃料电池发电的基本原理是电解水的逆反应，燃料电池的产物是电和水，如图 1-5 所示。

了解电动汽车发展的孕育期

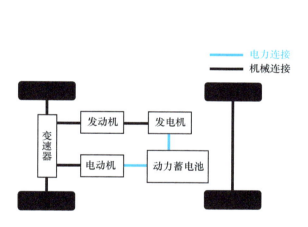

图 1-4　混联式混合动力电动汽车

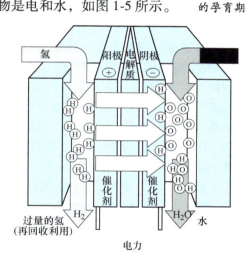

图 1-5　氢燃料电池工作原理

1.3　电动汽车的发展

世界上第一辆电动汽车诞生于 19 世纪末，早于燃油汽车，但由于动力蓄电池技术的限制，续驶里程非常有限，而内燃机技术的发展和石油的开发，使得燃油汽车更具优势，电动汽车的发展逐渐停滞。至 20 世纪末，环境污染和能源危机日益严重，汽车保有量的快速增长加剧了石油资源的供求不平衡，并导致城市环境污染更加严重。为解决这一问题，全球主要国家和各大汽车企业投入了大量资金用于电动汽车研发，以研发出高性能的电动汽车。

学习电动汽车第一次发展期与衰退期

1. 中国

近 20 年来，我国政府从顶层设计、政策驱动、行业引导、产业跟进等各方面推动了我国新能源汽车的快速发展。

学习电动汽车第二次发展期与高速发展期

（1）中国新能源汽车发展历程

1）技术储备与小规模示范考核期：2003—2008年。

我国从"十五"期间启动电动汽车重大专项，开始技术研发。国家863计划"电动汽车重大科技专项"确立了以混合动力汽车、纯电动汽车、氢燃料电池汽车为"三纵"，以多能源动力总成控制系统、驱动电机和动力蓄电池为"三横"的"三纵三横"研发布局，全面组织启动大规模电动汽车技术研发，为我国电动汽车发展奠定了技术基础。

2）以混合动力为主的"十城千辆"试点期：2009—2012年。

该期间组织实施了节能与新能源汽车重大项目，继续坚持"三纵三横"的总体布局，确立"建立技术平台，突破关键技术，实现技术跨越""建立研发平台，形成标准规范，营造创新环境"和"建立产品平台，培育产业生态，促进产业发展"三大核心目标。

3）纯电驱动技术转型的大规模推广期：2013—2015年。

该期间组织实施了电动汽车科技发展重点专项，紧紧围绕电动汽车科技创新与产业发展的三大需求，继续坚持"三纵三横"研发布局，更加突出"三横"共性关键技术，着力推进关键零部件技术、整车集成技术和公共平台技术的攻关与完善、深化与升级，形成"三纵三横三大平台"战略重点与任务布局。

4）完全竞争的商业化运行期：2016—2020年。

2015年，财政部、科技部、工业和信息化部、发展改革委联合印发了《关于2016—2020年新能源汽车推广应用财政支持政策的通知》（财建（2015）134号）。该阶段的特点，一是取消区域限制面向全国推广，二是预先明确财政补贴退坡机制，即2017—2018年补助标准在2016年基础上下降20%，2019—2020年补助标准在2016年基础上下降40%，并提出四部委将根据技术进步、产业发展、推广应用规模、成本变化等因素适时调整补助政策，激励企业提升技术，完善市场，为最终进入完全竞争的商业化运行做准备。

5）充分竞争的商业化运行期：2020年以后。

2020年10月，国务院常务会会议通过《新能源汽车产业发展规划》，2021年起国家生态文明试验区、大气污染防治重点区域新增或更新公交、出租、物流配送等公共领域车辆，新能源汽车比例不低于80%。2020年11月，国务院办公厅印发《新能源汽车产业发展规划（2021—2035年）》，规划指出2025年中国新能源新车销量要达到新销售车辆20%左右，2035年纯电动汽车成为新销售车辆的主流。要达到规划目标，2025年中国新能源汽车销售量需达到555万辆，相比2020年的136.6万辆，增幅约406%，年均增速需超过30%。

"十四五"规划和2035年远景目标纲要要求，聚焦新能源汽车等战略性新兴产业，"加快关键核心技术创新应用，增强要素保障能力，培育壮大产业发展新动能"。因此，"十四五"时期将是我国新能源汽车市场发展的黄金时期。

（2）中国新能源汽车发展现状　根据中国汽车工业协会统计，2022年新能源汽车产销分别完成705.8万辆和688.7万辆，同比分别增长96.9%和93.4%。其中新能源乘用车产销分别完成671.6万辆和654.9万辆，同比分别增长97.77%和94.26%；新能源商用车产销分别完成34.2万辆和33.8万辆，同比分别增长81.84%和78.89%。新能源汽车的市场占有率达到25.6%，高于2021年12.1个百分点。中国品牌新能源汽车市场占有率高达79.9%。

2022年，比亚迪和特斯拉的新能源乘用车全年销量均超过100万辆，其中比亚迪摘得全球销冠，销量高达184.77万辆，遥遥领先特斯拉的131.43万辆，见表1-1。上汽通用五菱和大众的新能源乘用车全年销量超过 40 万辆；宝马的新能源乘用车全年销量为 37.27 万辆；奔驰、广汽、上汽、长安、奇瑞、起亚、吉利、现代、东风、沃尔沃 10 家企业的新能源乘用车全年销量均超过了 20 万辆。

表 1-1　2022 年新能源乘用车企业销量排名　　　　　　（单位：辆）

排名	企业	2022 年全年销量	2022 年全年份额占比
1	比亚迪	1847745	18.31%
2	特斯拉	1314330	13.02%
3	上汽通用五菱	482056	4.78%
4	大众	433636	4.30%
5	宝马	372694	3.69%
6	奔驰	293597	2.91%
7	广汽	271557	2.69%
8	上汽	237562	2.35%
9	长安	237429	2.35%
10	奇瑞	230867	2.29%
11	起亚	224784	2.23%
12	吉利	224601	2.23%
13	现代	222500	2.20%
14	东风	204774	2.03%
15	沃尔沃	203144	2.01%
16	奥迪	191644	1.90%
17	哪吒	149791	1.48%
18	福特	148520	1.47%
19	理想	134409	1.33%
20	标致	129910	1.29%
	TOP20 合计	7555550	74.87%
	其他	2535614	25.13%
	全球总计	10091164	100.00%

1）比亚迪。比亚迪自主研发了绝缘栅双极型晶体管（IGBT）芯片、动力蓄电池、驱动电机、电机控制器等核心部件，推出密度大、更安全的刀片蓄电池，自主生产 IGBT 芯片解决了芯片短缺问题，成为自主品牌向上突破的杰出代表。

比亚迪秦 PLUS DM-i（图 1-6）为全球首款搭载 DM-i 超级混合动力的战略车型，其 DM-i 超级混合动力的核心部件包括双电机的 EHS 超级油电混合系统，骁云-插混专用高效发动机，DM-i 超级混合动力专用功率型刀片蓄电池以及整车控制系统、发动机控制系统、电机控制系统、蓄电池管理系统等，均为比亚迪自主研发。秦 PLUS DM-i 实现了 A 级轿车百公里油耗 3.8L，百公里加速 7.3s，纯电续驶里程 120km，可油可电综合续驶里程 1245km。比亚迪汉 EV（图 1-7）纯电动汽车 2022 款共提供 4 款配置车型，分别为两款单电机版本和两款双电机版本车型，并且全系车型均配备容量为 85.5kW·h 的磷酸铁锂刀片蓄电池。其中，单电机版本最大输出功率为 180kW，峰值转矩为 350N·m，CLTC 工况续驶里程为 715km；双电机版本最大输出功率达 380kW，峰值转矩达 700N·m，CLTC 工况续驶里程为 610km。

图1-6　比亚迪秦 PLUS DM-i

图1-7　比亚迪汉 EV

2）理想。截至 2023 年 3 月 31 日，理想汽车累计交付量为 309918 辆。理想 ONE（图 1-8）先后对增程电动系统、高级辅助驾驶、智能座舱、乘坐舒适性进行全面升级，增程器采用 1.2T 发动机，整车最大功率从 240kW 提升到 245kW，在满电工况下，市区表现油耗为 6L/100km，NEDC 纯电续驶里程从 180km 提升至 188km，NEDC 综合续驶里程达到了 1080km。

图1-8　理想 ONE

3）五菱宏光。五菱宏光 MINI EV（图 1-9）采用 9.3kW·h 和 13.8kW·h 的蓄电池组，后置单电机最大输出功率为 20kW，峰值转矩为 85N·m，NEDC 续驶里程有 170km 和 120km 两个版本。

图1-9　五菱宏光 MINI EV

4）广汽埃安。2022 年，广汽埃安累计销量 27.1 万辆，同比增长 126%。广汽埃安 AION S（图 1-10）作为国内首款采用纯电平台的车型，AION S Plus 拥有弹匣动力蓄电池、弹射起步、0.21Cd 风阻的亮眼实力。

2. 美国

20 世纪 90 年代开始，美国政府以能源部为中心，

图1-10　广汽埃安 AION S

通过加强与企业技术合作，增加对电动汽车发展的投入。2012 年 2 月，美国能源部成立了能量存储联合研究中心（JCESR），开展先进蓄电池技术研发。

2018 年 05 月，特斯拉（上海）有限公司成立，随着中国上海超级工厂的建成，特斯拉 Model 3（图 1-11）正式投产。2019 年 12 月 30 日，特斯拉在上海临港超级工厂交付了首批国产 Model 3。国产 Model 3 较进口版价格大幅降低，依靠其自动驾驶、蓄电池系统等产品优势，快速抢占了国内部分新能源汽车市场。

图 1-11　特斯拉 Model 3

2021 年 1 月 1 日，国产特斯拉 Model Y（图 1-12）正式上市，有长续驶里程版和 Performance 高性能版两个版本。Model Y 长续驶里程版采用了双电机全轮驱动，0~100km/h 加速时间为 5.1s，而 Performance 高性能版仅为 3.7s。Model Y 长续驶里程版续驶里程为 594km，Performance 高性能版续驶里程为 480km。

图 1-12　特斯拉 Model Y

3. 日本

日本是电动汽车技术水平较高的国家之一。由于能源匮乏，日本一直致力于发展小型、节能的新能源汽车，尤其是在混合动力电动汽车方面。日本早在 1965 年就启动了 EV 研究项目，并多次投入巨资推动国内科研机构对 EV 的研究。20 世纪末，本田汽车公司和丰田汽车公司等日本大型汽车制造企业纷纷开始进行电动汽车的开发。1997 年，丰田汽车公司推出了第一款混合动力电动汽车 Prius，其后又推出了第二代 Prius、第三代 Prius、第四代 Prius 和插电式混合动力电动汽车 Prius PHEV。丰田第四代 Prius 混合动力电动汽车如图 1-13 所示。

图 1-13　丰田第四代 Prius 混合动力电动汽车

混合动力电动汽车

学习目标

1. 知识目标

1）掌握混合动力电动汽车的定义、特点、分类和工作模式。

2）了解动力耦合系统的功能与分类。

3）掌握典型混合动力电动汽车的结构与工作原理。

2. 能力目标

1）能够准确说出各类混合动力电动汽车的定义。

2）能够描述各类混合动力电动汽车的特点及工作模式。

3）能够分析典型混合动力电动汽车的结构与工作原理。

3. 素养目标

1）培养学生的科学规范意识。

2）培养学生勇于创新的精神。

3）培养学生的民族品牌认同感。

2.1　概述

混合动力电动汽车（HEV）将内燃机、电动机、传动系统与一定容量的蓄电池通过控制系统相组合，电动机可补偿车辆起步、加速时所需转矩，使发动机工作在高效区，又可以回收车辆制动能量，从而大幅度降低整车油耗，减少污染物排放。混合动力电动汽车虽然没有实现零排放，但是其动力性、经济性和排放等综合指标均得到很大的改善。

2.1.1　混合动力电动汽车的定义

GB/T 19596—2017 规定，混合动力电动汽车指至少能够从可消耗的燃料、可再充电能/能量储存装置这两类车载储存的能量中获得动力的汽车。

2.1.2　混合动力电动汽车的特点

混合动力电动汽车具备多个动力源（主要是内燃机和电动机），并可根据情况将几个动力源同时或单独用于驱动汽车，是当今最具实际开发意义的低排放和低油耗汽车。下面简要介绍混合动力电动汽车的优点和缺点。

1. 混合动力电动汽车的优点

采用混合动力后可按平均需用的功率来确定内燃机的最大功率，此时处于油耗低、污染少的最优工况下工作。需要大功率而内燃机功率不足时，功率由动力蓄电池来补充；功率要求小时，富余的功率可发电给动力蓄电池充电。由于内燃机可持续工作，动力蓄电池可以不断得到充电，故其续驶里程和普通汽车一样。有了动力蓄电池，就可以十分方便地回收制动时、下坡时、怠速时的能量；在繁华市区，可关停内燃机，由动力蓄电池单独驱动，实现"零"排放。有了内燃机，就可以十分方便地解决耗能大的空调、取暖、除霜等纯电动汽车遇到的难题；可以利用现有的加油站加油，而不必增加再投资；能使动力蓄电池保持在良好的工作状态，避免过充电、过放电，延长了其使用寿命，降低了成本。

2. 混合动力电动汽车的缺点

由于有多个动力源而使成本提高，如何实现多个动力源的配合工作成为混合动力电动汽车要解决的关键问题。由于有多个动力源，增加了质量和所必需的装载空间，这降低了混合动力电动汽车的有效负载能力。

2.1.3　混合动力电动汽车的分类

1. 按照能量混合比分类

按照两种不同能量的混合比例的不同，混合动力电动汽车分为微混合型、轻度混合型、全混合型和插电式混合型4种类型。

微混合动力系统的基本结构如图2-1所示。对于微混合动力车辆，动力中动力蓄电池提供动力的比例很小，驱动车辆的两种动力源中电动机功率的比例小于10%，而内燃机功率的比例很大。只要车辆停止，发动机就关闭，以利于节油，重新起动时，驾驶人踩下加速踏板，起动机立即加速车辆，同时起动发动机，车辆加速时，起动机辅助发动机加速车辆至需要的速度，车辆巡航时，发动机单独驱动车辆。微混合可实现5%～15%的节油效果。通用Silverado混合动力电动汽车属于微混合电动汽车。

轻度混合动力系统的基本结构如图2-2所示。对于轻度混合动力车辆，动力中动力蓄电池提供动力的比例增大，与微混合系统相比，主要的区别是增加了单独的电动机来辅助发动机工作，电动机功率超过总功率的10%。它主要靠发动机来推动车辆运动，基本不单独用电动机来推动车辆，其电动机、发电机、动力蓄电池包都比微混合的大些。本田的Insight和2003～2005年的Civic Hybrids是典型的轻度混合动力电动汽车，节油效果可达20%～25%。

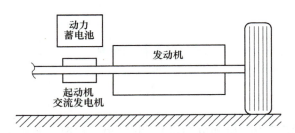

图2-1　微混合动力系统的基本结构

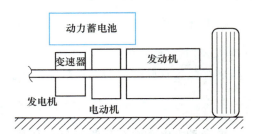

图2-2　轻度混合动力系统的基本结构

全混合动力系统的基本结构如图 2-3 所示。对全混合动力车辆来说，动力中动力蓄电池提供动力的比例更大，与轻度混合系统相比，驱动车辆的两种动力源中电动机功率的比例更大，内燃机功率的比例更小，控制系统更加复杂，以便具有最佳的能量与功率管理。全混合动力系统中内燃机和电动机的功率比例不同，电动机功率一般大于总功率的 30%。

插电式混合动力系统的基本结构如图 2-4 所示（Plug-in 系统）。对于 Plug-in HEV，其结构与全混合动力系统类似，但动力蓄电池包可以利用外接电源充电。与其他系统相比，动力蓄电池和电动机功率更大，发动机功率可以更小，控制系统必须能够防止动力蓄电池 SOC 降到全混合所需最低水平，并能及时为动力蓄电池充电。在纯电动模式行驶里程范围内，汽油机不工作，超过此范围时与全混合动力系统相同。电动机功率应与纯电动系统相同，内燃机功率应与全混合动力系统相同，同时动力蓄电池容量应能保证必要的行驶里程。

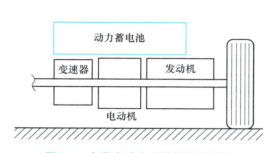

图 2-3　全混合动力系统的基本结构

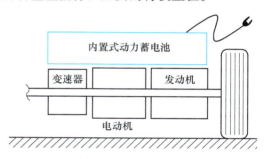

图 2-4　插电式混合动力系统的基本结构

2. 按动力系统的结构形式分类

目前世界各国研究开发的混合动力电动汽车有不同的结构形式，根据其动力系统的配置和组合方式不同，可以将 HEV 的动力系统分为串联式、并联式和混联式 3 种基本结构，其各自特点见表 2-1。这 3 种结构各有其优缺点，可以针对车辆的不同用途及行驶工况从中进行选择。

表 2-1　不同混合动力系统技术特点对比

系统结构	动力系统的主要组成	技术特点
串联式	发动机、发电机、驱动电机	发动机效率高、结构简单，但对动力蓄电池要求高，能量利用率低
并联式	驱动电机/发电机、发动机、耦合机构	与串联式相比，动力总成尺寸小，重量轻，能量利用率高，但控制较复杂、成本高
混联式	发动机、发电机、驱动电机、耦合机构	兼顾两者优点，可灵活控制发动机和电动机，但结构复杂、控制难度大、成本高

（1）串联式混合动力系统　串联式混合动力汽车的主要部件组成和结构如图 2-5 所示。发动机通过齿轮结构拖动发电机发电，将电能存储到动力蓄电池中，电机控制器控制电动机工作，将电能转化为动能，为整车提供动力。对于串联式混合动力电动汽车而言，电动机是驱动车辆的唯一动力装置，用来保证车辆的正常运行。动力蓄电池实际上起平衡原动机输出功率和电动机输入功率的作用，当发电机的发电功率大于电动机所需的功率时（如汽车减速滑行、低速行驶或短时停车等工况），发电机向动力蓄电池充电。当发电机发出的功率低

于电动机所需的功率时（如汽车起步、加速、高速行驶、爬坡等工况），则动力蓄电池向电动机提供额外的电能。

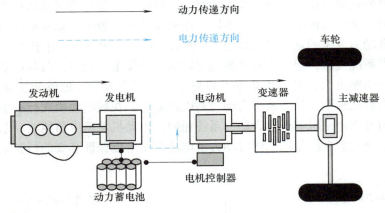

图 2-5　串联式混合动力系统

串联式结构中发动机与车辆无机械连接，可使发动机不受汽车行驶工况的影响，始终在其最佳的工作区稳定运行，因此，可使汽车的油耗和排放降低。串联式混合动力电动汽车特别适用于在市区内低速运行的工况。在市区，汽车在起步和低速时还可以关闭发动机，只利用动力蓄电池进行功率输出，使汽车达到零排放的要求。串联式结构的不足是发动机的输出需通过发电机全部转化为电能，再通过电动机转变为驱动汽车的机械能，由于机电能量转换和动力蓄电池充放电的效率均有降低，使得燃油能量的利用率降低。因此，串联式混合动力系统主要应用在城市公交车上。

（2）并联式混合动力系统

并联式混合动力汽车主要由发动机、驱动电机、离合器、动力蓄电池等几大部分组成，如图2-6所示。根据发动机和驱动电机是否同轴，可分为单轴并联式混合动力电动汽车和双轴并联式混合动力电动汽车。由于具备两套动力系统，根据路况和驾驶人需求，发动机和驱动电机可联合驱动或独立驱动汽车。在交通较为拥堵的市区，低速运行，由驱动电机单独驱动，实现零排放零

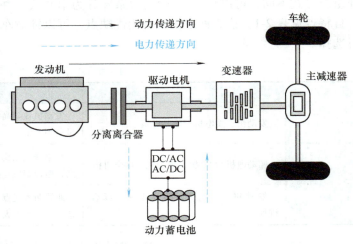

图 2-6　并联式混合动力系统

污染。当动力需求增大时，发动机参与工作。当驱动电机只是作为辅助驱动系统时，功率可以比较小。与串联式结构相比，发动机通过机械传动机构直接驱动汽车，其能量的利用率相对较高，从而燃油经济性和能量利用效率提高。机械制动能量可存储到动力蓄电池中，能量转化损失减少。并联式混合动力系统适合于汽车在城市间公路和高速公路上稳定行驶的工

况。由于并联式混合动力系统的发动机工况要受汽车行驶工况的影响，因此不适于汽车行驶工况变化较多、较大的路况。相比于串联式结构，并联式结构需要变速装置和动力耦合装置，传动机构较为复杂，控制策略和方法难度也大。

（3）混联式混合动力系统　混联式混合动力系统是串联式与并联式的综合，其结构如图 2-7 所示。发动机输出功率一部分通过机械机构传给驱动桥，另一部分则用于驱动发电机发电。发电机发出的电能输送给电动机或动力蓄电池，电动机产生的驱动转矩通过动力耦合装置传送给驱动桥。混联式混合动力系统在汽车低速行驶时，驱动系统主要以串联方式工作；在汽车高速稳定行驶时，以并联工作方式为主。

相对于串联式结构，在混联式结构中，发动机可直接驱动车辆；相对于并联式结构，增加了一个发电机用于能量转换。因此混联式混合动力系统的驱动方式更为灵活，它既能以串联式进行工作，又能以并联式进行工作，但混联式混合动力系统的结构更为复杂，使其成本更高，技术难度更大，价格也比前两种昂贵。

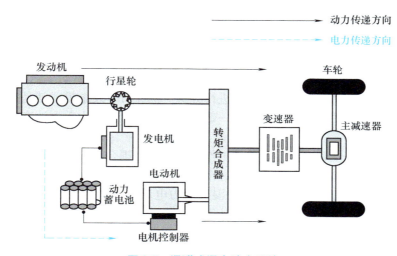

图 2-7　混联式混合动力系统

混联式混合动力系统充分发挥了串联式和并联式的优点，能够使发动机、发电机、电动机等部件进行更多的优化匹配，从而在结构上保证了在更复杂的工况下使系统在最优状态工作，所以更容易实现排放和油耗的控制目标，因此是最具影响力的 HEV。

3. 按使用用途分类

按使用用途分类，混合动力电动汽车可分为增程式、功率辅助型和双模式 3 类。

（1）增程式　为了提高续驶里程，在纯电动汽车的基础上增加了常规的辅助能量单元（APU）以提供额外的牵引功率或在需要时给动力蓄电池充电。由于 APU 的燃油箱成了动力蓄电池能量的补充，导致 HEV 续驶里程和驱动功率显著提高。增程式 HEV 一般由一个大容量的动力蓄电池组和小型发电机组组成（主要针对小轿车而言）。该类型电动汽车既可以设计成荷电保持型 HEV，也可以设计成荷电耗尽型 HEV。如果 APU 的容量较大并可用来给动力蓄电池充电，则为荷电保持型 HEV。如果 APU 容量相对较小并且主要目标是提供附加功率，则为荷电耗尽型 HEV。该类型电动汽车既可以设计成串联系统也可以设计成并联式系统，尤其适合串联式系统。

（2）功率辅助型　功率辅助型 HEV 在常规内燃机驱动的汽车的基础上增加了辅助电驱动和能量存储系统以优化能量的管理。该类型电动汽车上的主要能源来自于内燃机带动的发电机组。功率辅助型混合动力电动汽车一般由较大功率的发电机组和较小容量的动力蓄电池包组成，该系统既可以设计成串联式系统也可以设计成并联式系统，尤其适合并联式系统。

（3）双模式　双模式 HEV 兼具串联式 HEV 与并联式 HEV 的特点。该类型电动汽车具有较大内燃机，能够提供较大的纯电动续驶里程。串、并联布置在这种 HEV 中都没有明显优势。

2.2　混合动力电动汽车动力耦合与传动系统

2.2.1　动力耦合系统

1. 动力耦合系统的功能

混合动力电动汽车动力耦合系统结构种类多样，但它们有着共同的基本功能，总结为以下 4 项：

（1）动力耦合功能　实现多个动力源的转速、转矩以及功率的合成与分解，形成驱动车辆行进的动力。各个动力源既可以单独驱动车辆，也可以共同驱动车辆，不会互相干涉。必要的时候可以把单个动力源输出的动力进行分解。例如行车发电模式就是把发动机的动力分解为两部分：一部分用于驱动车辆；另一部分驱动发电机为动力蓄电池充电。

（2）工作模式切换功能　混合动力电动汽车具有多种工作模式，要求汽车在不同的行驶工况下都能采用经济性和动力性俱佳的工作模式。动力耦合系统应该与传动系统其他部件紧密布置，实现不同工作模式之间平顺无冲击的切换。

（3）再生制动功能　再生制动功能是混合动力电动汽车最为显著的优势之一，是非常重要的一种节能途径。在汽车减速或者制动时，将汽车的动能通过传动系统拖动驱动电机转子在磁场中旋转产生电流，实现制动能量的回收。在再生制动的过程中，动力耦合机构能在保持驱动轮与驱动电机转子机械连接的同时，断开与发动机的连接，以提高制动能量的回收率。

（4）辅助功能　动力耦合系统可满足车辆在起步时需利用电动机低速、大转矩特性的要求，省去传统汽车起步时在离合器上消耗的能量，能利用电动机直接进行倒车，实现车辆变速器倒档功能，简化变速器机构。

2. 动力耦合系统的分类

混合动力电动汽车动力耦合系统按动力源的动力耦合方式分为以下 4 种。

（1）转矩耦合式　各动力源输出的转速成一定的比例关系，转矩相互独立，动力耦合系统输出的转矩是各动力源输出转矩的线性和。固定轴齿轮式动力耦合系统如图 2-8

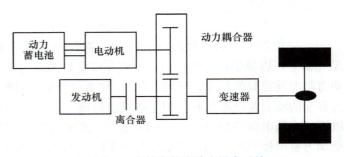

图 2-8　固定轴齿轮式动力耦合系统

所示。

（2）**转速耦合式**　各动力源输出的转矩成一定的比例关系，转速相互独立，动力耦合系统输出的转速是各动力源输出转速的线性和。行星齿轮式动力耦合系统如图2-9所示。

（3）**混合耦合式**　即同时采用转速耦合和转矩耦合的动力耦合方式。日本丰田公司开发的普锐斯HEV和雷克萨斯RX400h即采用混合耦合式动力耦合系统。雷克萨斯RX400h的混合耦合式动力耦合系统如图2-10所示，

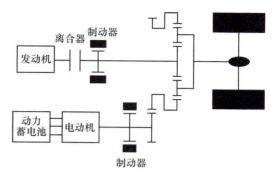

图2-9　行星齿轮式动力耦合系统

其电动机MG2和发动机通过行星齿轮机构实现转速耦合，之后的合成动力与电动机MG1进行齿轮式耦合。通过速度合成实现电动机MG2对发动机的速度调节，使发动机转速与车速独立开来，实现E-CVT功能。

（4）**牵引力耦合式**　这种耦合方式比较特殊，是发动机和电动机分别独立地驱动前、后车轮，通过前、后车轮驱动力将多个动力源输出的动力合成在一起，主要用在四驱混合动力电动汽车上。该耦合方式通过前、后车轮的牵引力进行动力的合成，前、后轴具有很好的驱动独力性。长丰公司牵引力耦合式动力耦合系统如图2-11所示。

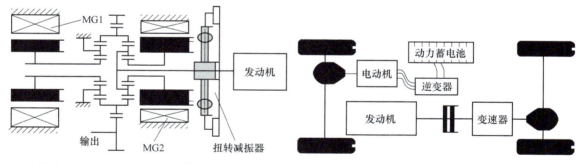

图2-10　雷克萨斯RX400h的混合耦合式动力耦合系统

图2-11　长丰公司牵引力耦合式动力耦合系统

2.2.2　传动系统

1. ISG型混合动力传动系统

集成起动发电一体机（Integrated Starter Generator，ISG）型混合动力传动系统是目前世界汽车厂商运用得比较多的混合动力电动汽车传动方案。这种传动方案将发动机曲轴直接（或通过一个离合器）与电动机转子同轴连接，然后电动机转子与变速器输入轴直接（或通过一个离合器）连接。长安ISG型混合动力传动系统如图2-12所示。大陆双离合器ISG型混合动力传动系统如图2-13所示。

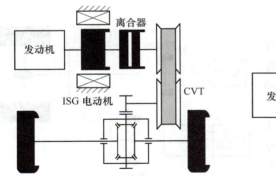

图 2-12 长安 ISG 型混合动力传动系统

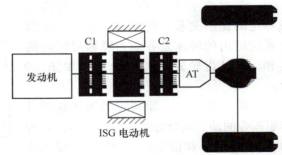

图 2-13 大陆双离合器 ISG 型混合动力传动系统

　　轻度混合的 ISG 型混合动力电动汽车的电动机容量较小，不足以单独驱动汽车，主要实现怠速起停、加速助力和再生制动功能；重度混合的 ISG 型混合动力电动汽车则采用纯电动驱动模式，在再生制动、纯电动驱动或倒车时，离合器断开发动机和电动机之间的连接，可以减少能量损失，提高汽车的经济性能。

2. BSG 型混合动力传动系统

　　带传动一体化起动/发电机（Belt-Driven Starter Generator，BSG）型混合动力传动系统的发动机曲轴通过链或带传动方式与一个小功率电动机转矩耦合连接，同时发动机曲轴输出端通过磁场耦合方式与一个大功率的电动机转矩耦合连接。奇瑞 A5 BSG 型混合动力传动系统如图 2-14 所示，日产 Tino 混合动力传动系统如图 2-15 所示。基于双离合（Dual Clutch Transmission，DCT）的混合动力传动系统如图 2-16 所示。

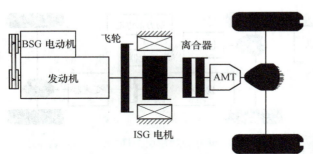

图 2-14 奇瑞 A5 BSG 型混合动力传动系统

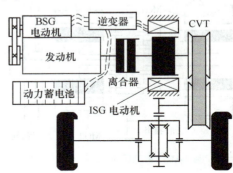

图 2-15 日产 Tino 混合动力传动系统

　　与 ISG 型传动系统相比，BSG 型传动系统的两个电动机相互独立，小功率的 BSG 电动机辅助主电动机完成怠速起停功能，大功率的发动机主要实现汽车在不同行驶工况下的电动机助力、纯电动、制动能量回收和吸收发动机盈余功率等功能。

3. 丰田混合动力传动系统

　　丰田混合动力传动系统（Toyota

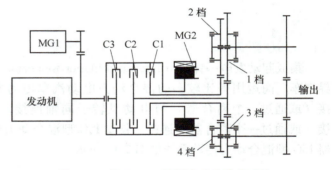

图 2-16 基于 DCT 的混合动力传动系统

Hybrid System，THS）是世界上第一个商业化量产的混合动力传动系统，已在丰田多款混合动力电动汽车上装备。THS已有3代产品面世，前两代THS采用单级行星齿轮机构，并采用了一个链传动和两级齿轮传动的减速系统，如图2-17所示。第三代THS采用了两个同轴的行星齿轮机构和两个齿轮减速系统，用发动机远端的行星齿轮机构取代了原结构中的中间齿轮轴和传动链，使得结构更加紧凑并提高了输出转矩，如图2-18所示。

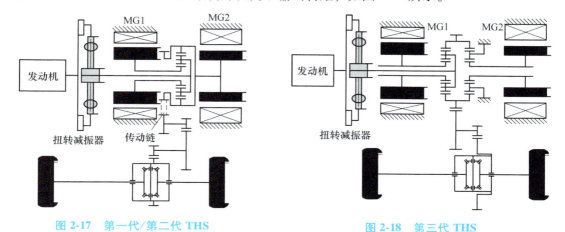

图 2-17　第一代/第二代 THS　　　　　　　图 2-18　第三代 THS

THS具有转速耦合和转矩耦合两种耦合方式，可以根据汽车行驶工况的不同而采用不同的工作模式，并通过控制系统能量的流动路径来获得较好的燃油经济性。

THS中采用的行星齿轮机构使发动机的工况调节十分灵活，对提高汽车燃油经济性有显著效果，但THS有自身的缺陷：

1）在发动机、发电机、蓄电池和电动机之间频繁地进行能量转换和传递，沿袭了串联式混合动力传动系统发动机热能—机械能—电能—机械能的多次能量转换的缺点，能量损失较大。

2）传动系统在工作过程中始终处于两自由度状态，决定了在发动机单独驱动时需要电动机提供与之平衡的转矩才能实现动力的向外输出，这必然会增加能量损耗，也会缩短发电机的使用寿命。

3）由于电机有时会处于发电状态，所以在某些情况下会产生循环功率流。

2.3　串联式混合动力电动汽车

2.3.1　串联式混合动力电动汽车的定义

GB/T 19596—2017中串联式混合动力电动汽车的定义：车辆的驱动力只来源于电机的混合动力电动汽车。

2.3.2　串联式混合动力电动汽车的工作模式

（1）动力蓄电池驱动模式　当动力蓄电池具有较高电量，车辆以低速、小负荷行驶时，发动机-发电机组关闭，仅动力蓄电池供电至驱动电机转化为机械能，驱动车辆行驶。

（2）再生制动充电模式　动力蓄电池驱动模式下，若汽车减速制动，驱动电机以发电机模式工作，实施再生制动，行驶动能经驱动电机产生电功率为动力蓄电池充电。

（3）**发动机驱动模式** 当动力蓄电池的电量在正常的工作区域内，且汽车的功率需求小于发动机-发电机组的最大输出功率时，车辆以发动机驱动模式工作，发动机驱动发电机发电，输入至驱动电机驱动车辆行驶，此时动力蓄电池既不充电也不放电。

（4）**混合驱动模式** 当车辆加速或爬坡，发电机输出功率小于电动机所需的输入功率时，动力蓄电池和发动机-发电机组共同提供电能至驱动电机，驱动车辆行驶。

（5）**发动机驱动和动力蓄电池充电模式** 当动力蓄电池电量过低，且车辆所需功率不大时，发动机-发电机组提供的功率分为两部分，一部分向动力蓄电池充电，另一部分至驱动电机驱动车辆行驶。

（6）**动力蓄电池充电模式** 动力蓄电池电量过低时，为保证整车行驶的综合性能，发动机-发电机组的输出功率全部用于给动力蓄电池充电，驱动电机不接收功率，汽车不行驶。

学习串联式
混合动力
电动汽车

2.3.3 哈弗 H6 串联式混合动力电动汽车

1. 结构

串联式混合动力电动汽车的特点为发动机带动发电机发电，电能通过电机控制器输送给电动机，由电动机驱动车辆行驶。另外，动力蓄电池可以单独向电动机提供电能驱动车辆行驶。长城公司于 2011 年 4 月开发出哈弗 H6 串联式混合动力底盘展示模块，是典型的串联式混合动力电动汽车结构，如图 2-19 所示。

哈弗 H6 混合动力电动汽车的前轮由 77kW 永磁同步电机 M1 外加 2 档 AMT 变速器驱动，同时后轮搭载了电动机 M2 与单档减速器，属于电动全轮驱动技术（E-AWD），让整车实现较高的动力性和越野性。

图 2-19　哈弗 H6 串联式混合动力底盘展示模块

哈弗 H6 串联式混合动力驱动结构如图 2-20 所示，专用的 3 缸汽油发动机与永磁同步电

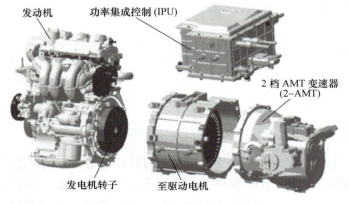

图 2-20　哈弗 H6 串联式混合动力驱动结构

机集成，发电机转子与发动机飞轮集成，定子设计在主驱动电机壳体内部，发电机与电动机共用冷却水道。这种高度的集成化设计不仅结构紧凑，便于机舱布置，同时降低了成本，拆卸方便快捷。哈弗 H6 串联式混合动力电动汽车的参数见表 2-2。

表 2-2　哈弗 H6 串联式混合动力电动汽车的参数

模块名称	项目	详细参数	模块名称	项目	详细参数
主驱动模块	驱动电机类型	永磁同步电机	辅助驱动模块	高效窄域发动机	GW3G10E
	最高工作转速	8000r/min		发动机功率	50kW
	最大功率	77kW		最高工作转速	6000r/min
	最大转矩	242N·m		最佳工作区域	4500～5000r/min
	变速器型号	2-AMT		发电机类型	永磁同步电机
				发电机功率	持续 25kW，峰值 40kW

2. 工作模式

（1）正常行驶模式　如图 2-21 所示，在动力蓄电池电量充足状态下，车辆正常起步、加速、爬坡、行驶，驱动力全部来源于驱动电机 M1。此工况下，整车能量流动路径为动力蓄电池→IPU→驱动电机 M1→2-AMT→车轮。

（2）急加速行驶/爬坡模式　如图 2-22 所示，在整车急加速、爬坡等大功率需求工况下，驱动电机 M2 可以在任意时刻立即参与驱动，有效提高整车动力性能，加速时间、爬坡度大幅优化，实现四轮驱动。此工况下，整车能量流动路径如下：①动力蓄电池→IPU→驱动电机 M1→2-AMT→前车轮；②动力蓄电池→IPU→驱动电机 M2→减速器→后车轮。

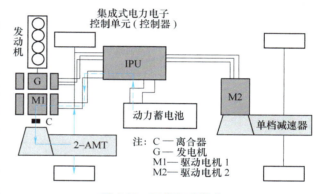

图 2-21　正常行驶模式

（3）制动能量回收模式　如图 2-23 所示，车辆制动、减速滑行过程中，前、后轮同时实现制动能量回收，使整车制动力更有效地分配到前、后车轮，有效提高制动能量回收效率，防止车辆侧滑，并降低制动过程对制动蹄片的磨损，有效缩短制动距离，增加整车安全性。此工况下，整车能量流动路径如下：①前车轮→2-AMT→驱动电机 M1→IPU→动力蓄电池；②后车轮→减速器→驱动电机 M2→IPU→动力蓄电池。

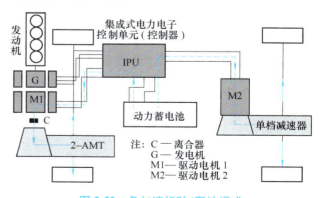

图 2-22　急加速行驶/爬坡模式

（4）充电行驶模式　如图 2-24 所示，当动力蓄电池剩余电量小于设定值后，车辆自动切换到充电行驶模式。这个过程中，发动机被优化在最佳工作区域内，用于发电。一部分电能用于驱动整车行驶，多余电能回馈给动力蓄电池充电。此工况下，整车能量流动路径如下：①发动机→发电机→IPU→驱动电机 M1→前车轮；②发动机→发电机→IPU→驱动电机 M2→后车轮；③发动机→发电机→IPU→动力蓄电池。

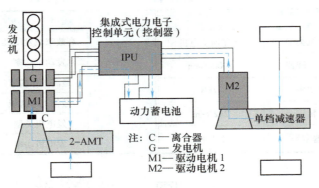

图 2-23　制动能量回收模式

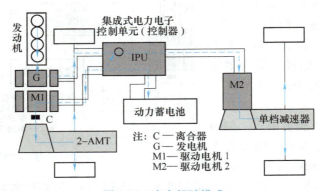

图 2-24　充电行驶模式

2.4　并联式混合动力电动汽车

2.4.1　并联式混合动力电动汽车的定义

GB/T 19596—2017 中并联式混合动力汽车的定义：车辆的驱动力由电机及发动机同时或单独供给的混合动力电动汽车。

2.4.2　并联式混合动力电动汽车的分类

并联式混合动力电动汽车按组合驱动方式分，有转速结合式、转矩结合式和驱动力结合式 3 种。

（1）转速结合式　转速结合式并联式混合动力电动汽车的驱动电机通过动力耦合器来驱动汽车，发动机通过离合器和动力耦合器来驱动汽车。这样的结构和传统汽车的传动系统相似，这样的结构容易设计、维修方便。但是由于电动机和发动机组合在特定的耦合器中，所以要控制好发动机的转速与电动机转速相互配合，才能获得最佳燃油经济性。转速结合式并联式混合动力电动汽车的结构如图 2-25 所示。

（2）转矩结合式　转矩结合式并联式混合动力电动汽车的发动机和驱动电机都可以单独驱动车辆行驶，也可以结合驱动，其结构如图 2-26 所示。

（3）驱动力结合式　驱动力结合式并联式混合动力电动汽车具有四轮驱动的功能，其前轮由发动机驱动，后轮由驱动电机驱动，两种动力源可以独立工作，也可以联合工作。在需要大的驱动力时，两套驱动系统全部投入工作；当汽车平稳行驶时，可以由发动机驱动汽车行驶，这时最符合发动机的燃油经济性。其结构如图 2-27 所示。

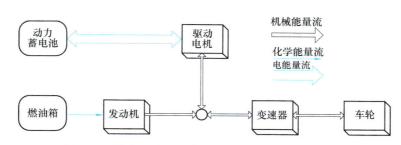

图 2-25　转速结合式并联式混合动力电动汽车的结构

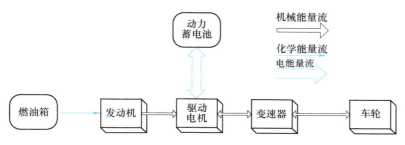

图 2-26　转矩结合式并联式混合动力电动汽车的结构

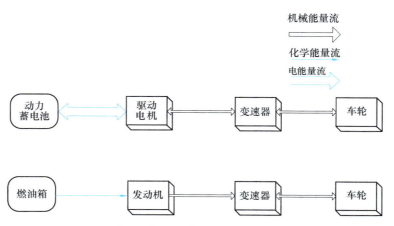

图 2-27　驱动力结合式并联式混合动力电动汽车的结构

2.4.3　并联式混合动力电动汽车的工作模式

（1）发动机驱动模式　电动机不工作，仅发动机工作输出功率，驱动车辆正常行驶。

（2）电动机驱动模式　发动机不工作，仅电力驱动系统输出功率，驱动车辆行驶。

（3）发动机和电动机混合驱动模式　发动机和电动机均工作，同时提供功率，多用于驱动车辆加速或爬坡等行驶工况。

（4）发动机充电模式　车辆低负荷运行时，行驶功率的需求低于发动机的输出功率，此时，发动机发出的剩余功率就通过驱动电机转化为电能储存到动力蓄电池中，即对动力蓄电池进行充电。

（5）再生制动模式　车辆运行在制动或减速状态时，驱动电机工作于发电机状态，将车辆损失的动能转化为电能储存到动力蓄电池中。

学习并联式
混合动力
电动汽车

2.4.4　长城腾翼 V80 并联式混合动力电动汽车

1. 结构

其典型的结构特点是并联式驱动系统可以单独使用发动机或驱动电机作为动力源，也可以同时使用发动机和驱动电机作为动力源驱动车辆行驶。长城公司第 1 台混合动力样车——腾翼 V80 Plug-in HEV 如图 2-28 所示。

图 2-28　腾翼 V80 Plug-in HEV

腾翼 V80 Plug-in HEV 结构示意图如图 2-29 所示，其参数见表 2-3。它采用双离合器，C2 为液压式自动离合器，其构造与常规离合器一样，动力源为 30W 小型永磁同步电机，根据整车控制器输出的信号进行操作，推动液压缸实现对分离轴承的控制；C1 为机械式离合器，两者共同安装在中间盘上，摩擦片与中间盘的接合与分离可控制动力源的接合与切断；中间盘安装在驱动电机转子上，是机械能与电能结合的桥梁；飞轮外接一根花键轴，作为发动机动力输出轴。

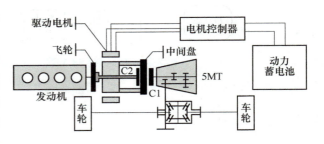

图 2-29　腾翼 V80 Plug-in HEV 结构示意图

表 2-3　腾翼 V80 并联式混合动力系统参数

模块名称	项目	详细参数
发动机	型号	GW4H15
	最大功率/kW	77/6000
	最大转矩/N·m	138/4200

（续）

模块名称	项目	详细参数
驱动电机	类型	永磁同步（水冷）
	最大功率/kW	30/6000
	最大转矩/N·m	150/2000
动力总成	最大输出功率/kW	90
	最大输出转矩/N·m	270
	变速器形式	5MT

2. 工作模式

（1）纯电动模式　如图 2-30 所示，起步阶段，发动机不工作，自动离合器处于分离状态，机械离合器接合，整车驱动力全部来源于驱动电机，实现纯电动行驶。腾翼 V80 Plug-in HEV 纯电动续驶里程大于 60km。

（2）加速模式　如图 2-31 所示，当车辆加速，驱动电机输出功率不能满

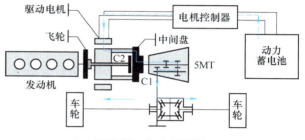

图 2-30　纯电动模式

足整车需求时，起动机快速起动发动机，待发动机和驱动电机转速相同，自动离合器接合，发动机转矩与驱动电机转矩实现叠加，共同驱动车辆行驶。

（3）高速巡航发电模式　如图 2-32 所示，车辆高速巡航时，发动机输出的功率除满足车辆行驶外，剩余功率输出给驱动电机，对动力蓄电池进行充电，此时驱动电机处于发电状态。整个过程中自动离合器与机械离合器均处于接合状态。

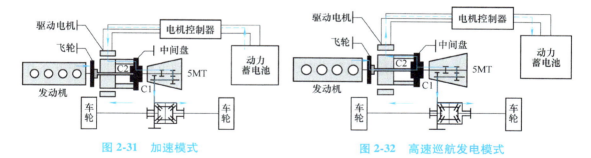

图 2-31　加速模式　　　　　　　图 2-32　高速巡航发电模式

（4）制动能量回收模式　如图2-33所示，当车辆具有一定初速度后，驾驶人松开加速踏板，此时车辆进入滑行模式。发动机停机，自动离合器分离，机械离合器接合，驱动电机进入发电状态进行能量回收。需要继续减速时，驾驶人踩下制动踏板，驱动电机处于发电状态且制动系统开始工作，直至车辆完全停下。

（5）怠速充电模式　如图2-34所示，车辆停止时，若控制系统判断动力蓄电池中剩余电量不足以用纯电动模式使车辆起步，将自动进入怠速充电模式，此时车辆速度为零，发动机运转带动驱动电机发电，此时自动离合器接合，机械离合器分离。

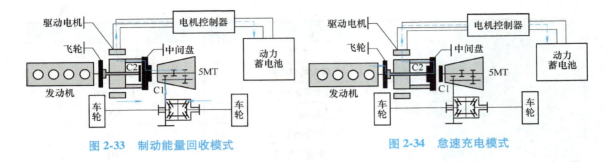

图 2-33　制动能量回收模式　　　　　　图 2-34　怠速充电模式

2.5　混联式混合动力电动汽车

2.5.1　混联式混合动力电动汽车的定义

GB/T 19596—2017 中混联式混合动力电动汽车的定义：同时具有串联式和并联式驱动方式的混合动力电动汽车。

2.5.2　混联式混合动力电动汽车的工作模式

（1）动力蓄电池驱动模式　车辆起动、低速和倒车时，发动机不工作，车辆所需动力全部来自动力蓄电池，驱动电机将电能转化为机械能，驱动车辆行驶。

（2）发动机驱动模式　车辆正常高速行驶时，驱动电机关闭，车辆所需驱动功率全部来自发动机，动力蓄电池既不充电也不放电。

（3）混合驱动模式　车辆处于急加速行驶或爬坡等状态时，所需的驱动功率由发动机和动力蓄电池共同提供，发动机通过机械系统驱动车辆行驶，动力蓄电池供电至驱动电机，共同驱动车辆行驶。

（4）发动机驱动和动力蓄电池充电模式　发动机输出的功率中一部分通过机械系统驱动车辆行驶，另一部分由发电机向动力蓄电池充电。

（5）再生制动模式　车辆减速或制动时，发动机关闭，驱动电机以发电机模式工作，车辆的动能转化为电能，储存到动力蓄电池中。

2.5.3　比亚迪 DM-i 混合动力电动汽车

2003 年，比亚迪刚刚进入汽车行业，就开始部署插电式混合动力技术。2008 年，比亚迪推出双电机串并联架构的第一代 DM（Dual Mode，双模）混合动力系统，如图 2-35 所示。2013 年，比亚迪推出第二代 DM 混合动力系统，如图 2-36 所示。2018 年，比亚迪在第二代 DM 混合动力系统的基础上，增加了辅助电机（P0），使 DM 混合动力汽车的动力性、经济性和平顺性全面提升，称之为第三代 DM 混合动力系统，如图 2-37 所示。2020 年，比亚迪推出了 DM 双平台战略，并同时发布了动力性突出的 DM-P（Powerful）混合动力系统，如图 2-38 所示。2021 年 1 月，比亚迪推出经济性突出的 DM-i（Intelligent）混合动力系统，如图 2-39 所示。

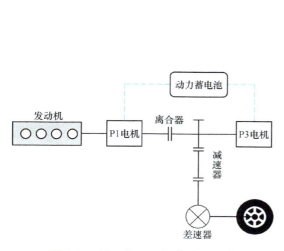

图 2-35　第一代 DM 混合动力系统

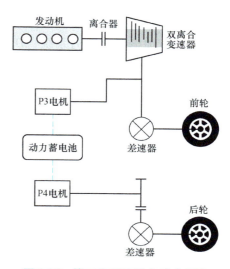

图 2-36　第二代 DM 混合动力系统

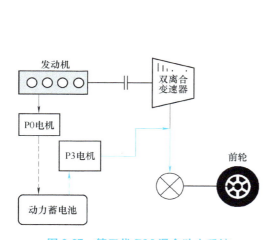

图 2-37　第三代 DM 混合动力系统

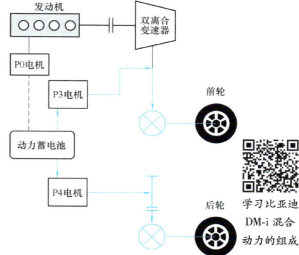

图 2-38　DM-P 混合动力系统

学习比亚迪 DM-i 混合动力的组成

1. 结构

比亚迪 DM-i 混合动力系统由骁云专用 1.5L/1.5Ti 高效发动机、EHS 电混系统、DM-i 专用刀片蓄电池、交直流车载充电器等核心部件组成，配备了 17kW 的快充系统，动力蓄电池容量从 30% 充到 80% 仅需 30min。

（1）发动机　通过技术创新，骁云 1.5L 高效发动机的热效率高达 43.04%，打破了丰田量产发动机最高热效率达 41% 的世界纪录。

比亚迪还设计了 1.5Ti 高效增压发动机，

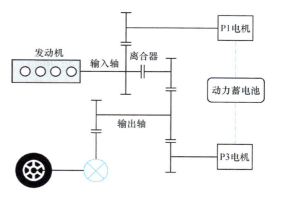

图 2-39　DM-i 混合动力系统

其热效率高达40%。

（2）EHS油电混合动力系统 DM-i油电混合动力系统将DM1的1台1.0L自然吸气汽油发动机（50kW）+2台电动机升级为热效率超过43%的1.5L/1.5Ti阿特金森循环发动机+串并联架构的双电机（2个功率提升超过200%的驱动电机）EHS油电混合系统，如图2-40所示。

EHS油电混合系统是串并联架构的双驱动电机结构，工作原理传承自DM-i，以电驱动为中心。根据驱动电机的功率，EHS分为EHS132、EHS145和EHS160 3款，其中EHS132和EHS145采用骁云

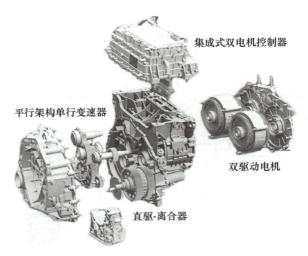

图2-40 EHS油电混合系统

1.5L高效发动机，EHS160采用骁云1.5Ti高效发动机。EHS油电混合系统的2个超高转速驱动电机为并列式设计，发电机直连发动机，通过离合器与减速器的齿轮相连。驱动电机直接通过减速齿轮与减速器相连。

（3）电机 DM-i油电混合动力系统采用扁线电机，如图2-41a所示。因为传统电机的铜线为圆形截面，且多股线并行缠绕，所以槽满率较低、空间浪费多，而且因缠绕结构散热

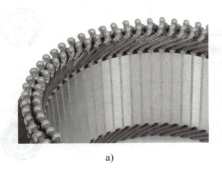
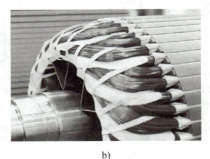

a)   b)

图2-41 电机绕组

a）扁线电机 b）传统的电机

较差、发热量较大，功率密度很难提升。扁线电机的槽满率比传统电机高，可以达70%，甚至更高。因为扁线的表面积加大，散热性能较好，而且绕组之间接触面积大、空隙小、导热性好；绕组两头接线所需要的空间更小，绕组端部短，节省空间，体积更小，功率密度更大。因为开槽形状不一样，电磁噪声低，NVH更好。比亚迪在扁线电机的基础上又进行了优化和改进，采用扁线成型绕组技术，如图2-42所示，提高电机的最高

图2-42 比亚迪的扁线成型绕组

效率达到 97.5%，电机的额定功率提高 32%，效率大于 90% 的高效区间占比高达 90.3%，质量功率密度达到 5.8kW/kg，升功率密度提升至 44.3kW/L。

传统电机一般通过在外壳上设计水道进行冷却，冷却效果较差，而且电机转子的永磁铁受高温影响较大，传统的散热方式无法对转子进行冷却。比亚迪双驱动电机采用直喷式转子油冷技术，直接冷却转子，并通过冷却油直接均匀地冷却扁线绕组，散热能力大大加强，保证电机在极端工况下可以坚持更长的时间、提供更高的性能。

比亚迪的双电机控制器高度集成，并且采用电动与电机三相直连技术，极大地减少了连接线缆带来的能量损耗；电控的综合效率高达 98.5%，并且使得电控效率超过 90% 的高效区占比高达 93%，极大地降低了电控损耗，提高了效率。

（4）专用功率型刀片蓄电池　磷酸铁锂蓄电池因为能量密度低，且受低温的影响比较大，所以在新能源汽车上应用较少。比亚迪凭借技术创新，研发出刀片蓄电池（图 2-43），大幅提升了磷酸铁锂动力蓄电池的性能。

首先，比亚迪针对混合动力平台开发出混合动力系统专用的功率型刀片蓄电池，通过内部串联单体蓄电池

图 2-43　刀片蓄电池

的设计，在一节刀片蓄电池内串联了 6 节软包卷绕式单体蓄电池，单节 20V 的设计也保证了低蓄电池容量的混合动力蓄电池包可以有足够的电压来保证驱动功率。

其次，刀片蓄电池取消模组，采用无模组设计，动力蓄电池和包体设计融为一体，形成稳固的蜂窝状结构，大大提升了动力蓄电池包的强度和能量密度。动力蓄电池包中刀片蓄电池采用纵向排列方式，比横向排列方式更节省空间，提高了动力蓄电池包的功率密度。

最后，刀片蓄电池采用了全球首创的动力蓄电池包热泵直冷制热技术，使动力蓄电池的加热和散热效率大幅提升，提高在高、低温极端条件下的充、放电性能。刀片蓄电池采用了最新的脉冲自加热和冷媒直冷技术。蓄电池控制器通过控制动力蓄电池高频、大功率充、放电，让动力蓄电池内部发热，达到了加热动力蓄电池的效果，同时满足安全的要求。因为是自体加热，加热均匀性更好，而且发出的热量全部用于提高动力蓄电池的温度，比传统冷却液加热方式的加热效率提升 10% 以上。冷媒直冷技术将冷媒直接通入位于动力蓄电池包上层的冷却板内，冷却板直接冷却单体蓄电池，比水冷方式效率更高。

（5）充电系统　比亚迪的 DM-i 不仅搭载了 3.3kW 和 6.6kW 的交流充电系统，DM-i 超级混合动力长里程版还搭载了大功率直流充电系统，可以实现 30min 充电 80%。同时，通过设置预约充电可实现峰谷用电。

2. 工作模式

（1）纯电动模式　在怠速、起步、倒车、低速行驶、匀速驾驶等工况时，由动力蓄电池向驱动电机供电，驱动车辆，如图 2-44 所示。

（2）串联模式　在中低速行驶或者加速时，发动机驱动发电机发电，将电能输出给驱动电机，直接用于驱动车轮。若 SOC 值较高，则整车控制策略会将驱动切换为纯电模式，发动机停机。若 SOC 值较低，则控制策略会使发动机工作在油耗最佳效率区，同时将富余能量暂存到动力蓄电池中，实现全工况使用不易亏电，如图 2-45 所示。

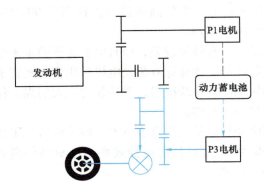

图 2-44 纯电动模式

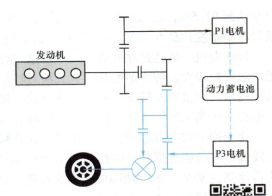

图 2-45 串联模式

（3）发动机直驱模式　在高速巡航时，离合器闭合，发动机工作在高效率区内，直接驱动车轮，同时，发电机和驱动电机随时待命，在发动机功率有富余时，及时将能量转化为电能，存储到动力蓄电池中，提高整个模式内能量利用率，如图 2-46 所示。

（4）并联模式　在高速超车或者超高速行驶工况，整车行车功率需求比较高时，发动机会脱离经济功率，此时控制系统会让动力蓄电池在合适的时间介入，提供电能给驱动电机，与发动机形成并联模式，如图 2-47 所示。

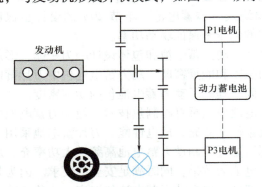

图 2-46 发动机直驱模式

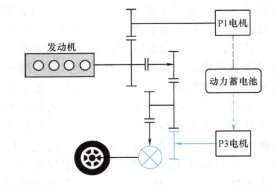

图 2-47 并联模式

（5）能量回收模式　当车辆减速时，车辆的动能通过驱动电机转化为电能，并存储在动力蓄电池内，如图 2-48 所示。

2.5.4 丰田普锐斯（Prius）混联式混合动力电动汽车

1. 结构

丰田普锐斯混合动力电动汽车采用的是一套混联式混合动力系统，主要由 HV 蓄电池、变频器、发动机、MG1 和

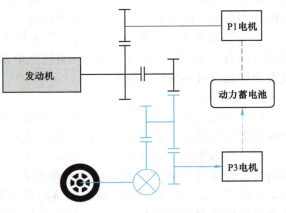

图 2-48 能量回收模式

MG2 以及动力分配系统等组成，如图 2-49 所示，其动力分配系统结构示意图如图 2-50 所示。

（1）HV 蓄电池 HV 蓄电池为镍氢蓄电池，具有重量轻、使用寿命长的优点。HV 蓄电池是由 28 块 7.2V 的蓄电池组合而成的，总电压为 201.6V，并由专门的蓄电池 ECU 对其进行监控管理。普锐斯除了配备 HV 蓄电池外还有一块辅助蓄电池，电压为 12V，主要用来给灯光、多媒体系统以及其他附件及所有的 ECU 供电。

（2）变频器总成 变频器在车辆起动时将 201.6V 的直流电转换为 500V 的交流电，驱动电机辅助发动机或独立驱动车辆行驶；在能量回收时，将 500V 的交流电转换为直流电，对蓄电池进行充电。变频器内部集成 DC/DC 变换器，可以用来为其他用电设备提供电源，还可以为 12V 辅助蓄电池进行充电。

（3）发动机总成 第三代普锐斯混合动力电动汽车装配阿特金森（Atkinson）循环发动机，该款发动机采用阿特金森循环技术、VVT-i 和 ETCS-i 技术来推迟进气门关闭。发动机在压缩行程从进气门排放出部分燃气，减少进入的空气量，从而实现节油的效果，其最大功率为 72kW，转矩为 142N·m。

（4）MG1 和 MG2 MG1 和 MG2 皆为永磁式交流同步电机。MG1 用于发电同时作为发动机的起动机使用，MG1 的额定电压是交流 500V，其最大功率为 37.8kW，最大转矩为 45N·m。MG2 是驱动电机，同时起到发电机的作用。MG2 的额定电压是交流 500V，其最大功率为 50kW，最大转矩为 400N·m，最大转速为 6700r/min。

（5）动力分配系统 混合动力系统的动力分配主要依靠一套行星齿轮机构来完成，如图 2-51 所示。行星齿轮机构包括太阳轮、行星架以及齿圈，其中发动机和行星架相连，MG1 和太阳轮相连，MG2 和齿圈相连。MG1 既可以正转又可以反转，太阳轮随之正转或反转；行星架只能随发动机正转。齿圈一端和 MG2 相连，可以随着 MG2 正转或反转，齿圈的另一端通过减速齿轮与驱动车轮相连，MG2

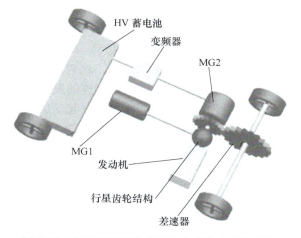

图 2-49 丰田普锐斯混合动力电动汽车的混联式混合动力系统

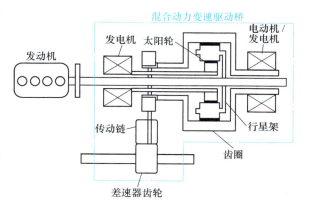

图 2-50 普锐斯动力分配系统结构示意图

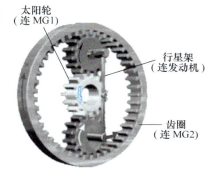

图 2-51 行星齿轮机构

正转时车辆前行，MG2 反转时车辆倒车。

2. 工作模式

（1）静止状态下发动机的起动　HV 蓄电池提供电力给 MG1，MG1 带动行星齿轮机构中的太阳轮转动，因为车辆静止，此时与 MG2 相连的齿圈静止无法转动，所以太阳轮带动行星轮转动，行星架就带动与之相连的发动机转动，发动机起动完成。发动机起动时只给两个气缸点火，发动机起动非常平静。起动后，HV 蓄电池不再向 MG1 供电，如果 HV 蓄电池电量不足，ECU 则将节气门开度稍微调大以提高发动机转速，带动 MG1 运转，此时 MG1 处于发电状态给 HV 蓄电池充电。

（2）车辆起步　车辆在较小负荷、缓慢加速时，不需要发动机工作，只需要 MG2 驱动车辆起步，但负载增大或者坡道起步时，MG2 提供的转矩是远远不够的，发动机将开始工作。根据行星齿轮动力分配机构的结构，可以简单地认为发动机一直处于最高效率，转矩输出较小，所以起步加速时所需要的更大的转矩应该由 MG2 来补充。发动机运转后，一部分动力驱动车辆前行，另一部分动力驱动 MG1 发电，用来供给 MG2 和给 HV 蓄电池充电，这时发动机会适当增大节气门开度，提高发动机转速，从而提高发动机功率。

（3）加速或爬坡　在加速或爬坡需要较大驱动力时，MG2 和发动机同时工作，MG1 产生的电能供给 MG2，同时根据情况需要，HV 蓄电池适时适度地给 MG2 提供电能。如图 2-52 所示，发动机驱动行星架，把 70% 的转矩通过行星架、外齿圈传递给驱动轮，把 30% 的转矩通过行星架、太阳轮传递给 MG1，MG1 发电供给 MG2，MG2 驱动车辆运动。ECU 根据 HV 蓄电池的

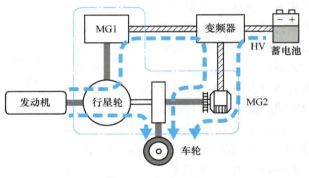

图 2-52　加速工况

电量、节气门的开度、坡道坡度等因素，适度调用 HV 蓄电池的电能，控制 MG2 的输出转矩。

（4）减速工况　减速工况分为两种情况，一种是在 D 位减速，另一种是在 B 位减速，其工作原理如图 2-53 和图 2-54 所示。

D 位减速时，电能不再提供给 MG2 和 MG1，此时 MG2 作为发电机使用，驱动车轮带动齿圈转动、齿圈带动 MG2 运转发电，从而给 HV 蓄电池充电。

B 位减速时，MG2 仍作为发电机使用，驱动车轮带动齿圈转动，齿圈带动

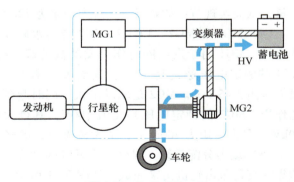

图 2-53　D 位减速工况

MG2 运转发电，从而给 HV 蓄电池充电，同时给 MG1 供电，发动机断油，MG1 反拖发动机辅助制动。

（5）倒车　普锐斯电动汽车的倒车功能和传统汽车不一样，它没有倒档齿轮，因此只

能通过改变 MG2 的旋转方向实现倒车。在 HV 蓄电池不亏电的情况下，发动机是熄火的，MG2 带动齿圈倒转，行星架不转，那么太阳轮会正向空转，既不发电也不消耗电。为了防止 MG1 超速空转，禁止高速倒车。如果 HV 蓄电池电力不足，倒车时发动机会继续运转，此时行星架、太阳轮和 MG1 会加快旋转，ECU 必须将倒车的速度限制在一个比较小的转速上。

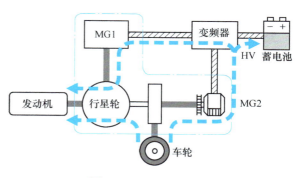

图 2-54　B 位减速工况

2.6　插电式混合动力电动汽车

插电式混合动力电动汽车（Plug-in Hybrid Electric Vehicle，PHEV）可以使用家用电源（如 110V/220V 电源）对混合动力系统中的动力蓄电池进行充电。从混合比的角度来看，PHEV 是介于全混合动力电动汽车与纯电动车之间的车型。

PHEV 具有驱动电机和内燃机两个动力源，它们可以单独或一起给车辆提供动力。其中，动力蓄电池能量主要来自公共电网，充电后的动力蓄电池给驱动电机供电实现车辆运转。在城区工况行驶时速低于 40km/h 时，车辆完全以电力驱动；当动力蓄电池电量低于某一标准值（例如电量降低到 40%）、加速、爬坡等大负荷行驶状态时，发动机工作，以提供额外的动力驱动车辆行驶。

PHEV 的动力蓄电池容量一般可达 5~10kW·h，是纯电动汽车动力蓄电池容量的 30%~50%，是一般混合动力电动汽车动力蓄电池容量的 3~5 倍，可以说它是介于混合动力电动汽车与纯电动汽车之间的一种新能源汽车。虽然 PHEV 的购买价格较混合动力轿车略高，但由于动力蓄电池的高容量、制动能量回收等新技术的应用，使得车辆在城区内行驶基本实现零排放，燃油经济性比普通汽车提高了 2~5 倍，如图 2-55 所示。PHEV 具有很好的应用前景。

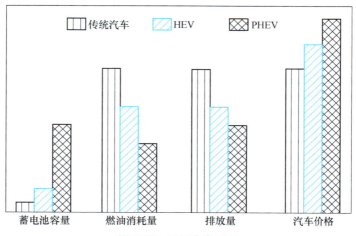

图 2-55　不同汽车对比

由于 PHEV 可以通过充电装置从电网获取电能，为了充分利用这部分从电网得到的能量，要求 PHEV 能够在电能消耗里程内合理分配动力总成不同驱动系统的输出能量。这样，PHEV 能量管理策略就需要考虑不同行驶里程的能量分配问题，其能量管理策略设计空间维度增加，设计和优化的难度随之加大，因此开展 PHEV 的能量管理策略研究，对提高 PHEV 关键技术的自主研发能力和推进 PHEV 的产业化发展都具有重要意义。

2.6.1　插电式混合动力电动汽车的特点

1）具有纯电动汽车低噪声、零排放及高能量效率等优点。

2）可以大大降低 HEV 的有害气体、温室气体的排放量，提高混合动力电动汽车的燃油经济性和动力性能。

3）具有纯电动状态下行驶较长距离的功能，但需要时仍然可以以全混合模式工作。其最大的特点是将混合动力驱动系统和纯电动驱动系统相结合，里程短时采用纯电动模式，里程长时采用以内燃机为主的混合动力模式。

4）传统 HEV 电机的主要动力来源依赖于发动机，而 PHEV 可利用外部公用电网（主要是晚间低谷电力）对车载动力蓄电池进行均衡充电，可改善电厂发电机组效率、削峰填谷缓解供电压力。

5）传统 HEV 纯电动模式工作时间有限，而 PHEV 的纯电动驱动可以行驶足够的里程，通过纯电动行驶可大大降低对石油的依赖。

PHEV 介于纯电动汽车和常规混合动力电动汽车之间，在一定里程内采用纯电动模式。超过规定里程时采用与内燃机并用的混合动力模式，它的续驶里程可以与常规车型一样。但是，插电式混合动力汽车仍需采用大容量的动力蓄电池，其动力蓄电池容量比传统的混合动力车型要大得多，除非蓄电池技术有突破，否则无法解决。与纯电动汽车相比，由于加入内燃机系统，进一步增加了成本。同时，由于 PHEV 要求在低 SOC 时有大功率输出、在高 SOC 时有大功率输入，对动力蓄电池的使用寿命产生巨大的挑战，而且动力蓄电池回收问题也亟待解决。

2.6.2　插电式混合动力电动汽车的分类

根据动力传动系统采用的机械连接结构形式，PHEV 主要可分为串联式 PHEV、并联式 PHEV 和混联式 PHEV。

1. 串联式 PHEV

发动机的动力通过发电机转化为电能，电能通过电机控制器供应给动力蓄电池或电动机，汽车行驶所需的动力由电动机提供。发动机-发电机组作为一种电能供应系统，不直接参与驱动，因此更像是纯电动汽车，其结构及原理如图 2-56 所示。

串联式 PHEV 的工作原理：用传统内燃机直接通过发电机发电，再通过控制系统将能量传递给电动机，动力蓄电池的电能通过控制器传递给电动机，最后完全由电动机提供的动力驱动汽车。在此模式下发动机可以一直处于最佳的工作状态，产生较为明显的节能减排效果。具体工作方式如下：在汽车处于起动、提速、上坡等需要大功率输出的工况时，发动机—发电机组和动力蓄电池共同向电动机提供能量，以实现较高的动力性能。在车辆处于慢速、滑行、急速工况时，则由动力蓄电池单独驱动电动机，此时发动机处于关闭状态。当动

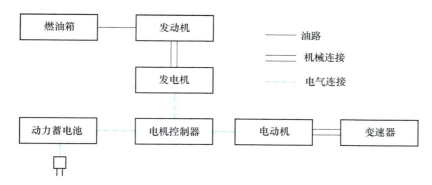

图 2-56　串联式 PHEV

力蓄电池处于低电量时，起动发动机为驱动车轮提供能量，动力蓄电池与电机控制器之间的能量是双向流通的，此时可以将发电机输出的除驱动车轮使用能量外的多余电能为动力蓄电池充电。串联式 PHEV 的工作原理决定了其比较适合城市内交通拥堵、频繁起步、制动和低速行驶的驾驶工况，而且不会影响发动机处于最佳的工作状态，通过调整动力蓄电池和电动机的输出功率可达到调整车速的目的。该模式使发动机避免了怠速和低速运转，从而提高了发动机的效率，减少了废气排放量。同时，串联式可以避免机械耦合，所以整车的设计布置比较简单。但其需要两次能量转换（先由化学能转换为电能，再由电能转换为机械能），由于机械转换效率偏低，因此串联式 PHEV 的节油效果不太明显。串联式 PHEV 的动力传递框图如图 2-57 所示。

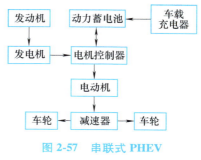

图 2-57　串联式 PHEV
的动力传递框图

2. 并联式 PHEV

发动机和动力蓄电池—电动机所提供的动力以机械能叠加的方式实现动力耦合。发动机和电动机是两个相互独立的驱动系统，可实现单独驱动或者混合驱动，因此驱动模式包含纯电动模式、发动机单独驱动模式、混合驱动模式及行车充电模式，其结构及原理如图 2-58 所示。

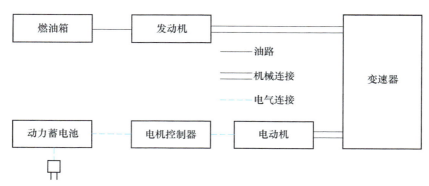

图 2-58　并联式 PHEV

33

并联式 PHEV 是在内燃机的基础上加上动力蓄电池和电动机组成的，这一类混合动力电动汽车内有两套驱动系统，电动机与内燃机可以单独驱动车轮也可以共同驱动车轮，两个动力系统同时工作时，以机械方式实现动力耦合，动力的流向为并联。并联式 PHEV 日常使用时可以作为纯电动汽车，当汽车需要较高的动力性能时同时使用内燃机和动力蓄电池为汽车提供动力。这类汽车不仅动力性能强大（由于电动机和发动机可以同时加速），而且具有纯电动汽车污染小、噪声低等优点，但是由于该类型动力系统需要机械耦合，因此设计安装比较复杂。并联式 PHEV 的动力传递框图如图 2-59 所示。

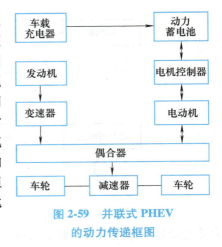

图 2-59　并联式 PHEV
的动力传递框图

3. 混联式 PHEV

混联式 PHEV 是串联式和并联式的综合，发动机发出的动力一部分通过机械传动直接驱动车轮，另一部分驱动发电机发电，电能由电机控制器控制输送给电动机或动力蓄电池，电动机产生的驱动转矩通过动力耦合装置传送给驱动车轮，其结构及原理如图 2-60 所示。

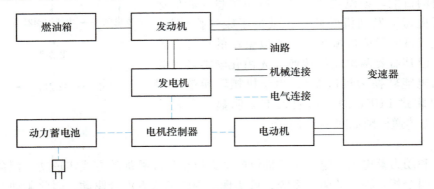

图 2-60　混联式 PHEV

2.6.3　插电式混合动力系统的工作模式

PHEV 的动力系统有并联式、串联式和混联式。采用并联式动力系统的 PHEV，其装配尺寸紧凑、质量较小，成本低，且行程比串联式的长一些。采用串联式动力系统的 PHEV 对汽车的动力蓄电池性能要求较高，且车辆的经济性相对较差。采用混联式动力系统的 PHEV 结构较为复杂，系统成本较高、可靠性相对较低。按照动力蓄电池电量的变化特点，PHEV 的工作模式可分为电量消耗（纯电动和混合动力）、电量保持和常规充电模式。在使用过程中，PHEV 按照电量消耗（纯电动和混合动力）、电量保持和常规充电模式根据整车控制策略实现无缝衔接。

电量消耗模式下，有纯电动和混合动力模式之分。纯电动模式下，车辆的发动机处于关闭状态，仅靠汽车动力蓄电池驱动车辆，汽车的动力性较弱，这种模式一般在汽车低速或低负荷状态下使用。在混合动力模式下，汽车的发动机和电动机同时处于工作状态，动力蓄电池为车辆行驶提供部分动力，发动机为车辆行驶提供动力蓄电池输出不足的动力，这种模式一般在车辆高速状态或负荷较大时使用。一般情况下，根据 PHEV 行驶时所需的动力需求，选择纯电动和混合动力两种模式。

电量保持模式下，PHEV 的工作方式与传统 HEV 工作模式类似，即为了保持车辆和动力蓄电池的安全性和连续使用性，在动力蓄电池电量消耗到一定程度时，车辆自动进入电量保持模式，此时动力蓄电池的电量基本保持不变。

常规充电模式下，用电网通过车载充电器给 PHEV 的动力蓄电池充电。

2.7 增程式电动汽车

早在 100 多年以前，费迪南德·保时捷为了解决其制造的第一台纯电动汽车 Lohner-Porsche 的续驶里程问题，在其上增加了一台内燃机，从而打造出世界上第一辆串联式汽油机混合动力汽车，这是最早的增程式电动汽车。由于当时蓄电池技术的限制和内燃机技术的快速进步，增程技术并没有得到推广，而是将电机的高转矩特性应用到了大型装载车辆上。随着动力蓄电池技术的快速发展，增程式电动汽车再次回到消费领域。

2007 年的北美车展上，雪佛兰 Volt 概念车亮相。此后，增程式汽车回到各车企的产品名单中，我国的广汽传祺、理想汽车等也相继推出了增程式汽车。

2.7.1 增程式电动汽车的定义

GB/T 19596—2017 规定，增程式电动汽车（EREV）是一种在纯电动模式下可以达到其所有的动力性能，而当车载可充电储能系统无法满足续驶里程要求时，打开车载辅助供电装置为动力系统提供电能，以延长续驶里程的电动汽车，且该车载辅助供电装置与驱动系统没有传动轴（带）等传动连接。

增程式电动汽车在车载可充电储能系统能够提供电能时，以纯电动汽车模式运行；当动力蓄电池能量不足时，由车载辅助供电装置为动力系统提供电能。对于可插电的增程式电动汽车，可通过车载充电机，使用 220V 家用电源对动力蓄电池进行充电。

2.7.2 增程式电动汽车的结构与工作原理

增程式电动汽车通常搭载动力蓄电池和一个由"内燃机+发电机"组成的辅助动力系统（车载发电机组，又称增程器，简称 APU）。增程式电动汽车与纯电动汽车和串联式混合动力电动汽车一样采用纯电驱动的方式工作，与插电式混合动力电动汽车一样可以外接插电。增程式电动汽车的典型结构如图 2-61 所示。从图中可以看出，在系统结构

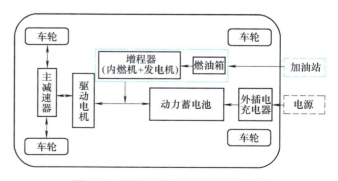

图 2-61 增程式电动汽车的典型结构

中移除增程器及车载燃油箱部分后，该车就是一款典型的纯电动汽车。

增程式电动汽车动力系统结构如图 2-62 所示。它主要由动力蓄电池、增程器及驱动电机等组成。其中，动力蓄电池和增程器并联，通过功率转换器向驱动电机输出功率。动力蓄电池作为主要动力源，要能够保证车辆的动力性能，吸收制动回馈能量，并能够提供一定的纯电动续驶里程。驱

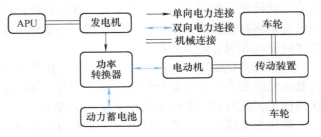

图 2-62　增程式电动汽车动力系统结构

动电机将电能转换为机械能，通过传动装置将转矩传至车轮。驱动电机应具有制动再生功能，当车辆制动时，将机械能转换为电能，输送到动力蓄电池。

当动力蓄电池有足够电量时，EREV 驱动系统的动力全部来源于动力蓄电池。在一定的行驶距离范围内，EREV 相当于纯电动汽车（RE 未开启），完全依靠动力蓄电池提供的动力来完成，实现"零油耗、零排放"。动力蓄电池能量低于一定值时，RE 开启，为驱动电机提供动力，延长 EREV 的续驶里程。

2.7.3　理想 ONE 增程式电动汽车

1. 结构

理想 ONE 增程式电动汽车搭载增程式混合动力系统，如图 2-63 所示。其主要由 3 缸直喷 1.2T 发动机、40.5kW·h 的三元锂蓄电池、前100kW 后 140kW 的双驱动电机和100kW 的发电机组成。

理想 ONE 增程式电动汽车采用的高功率增程器是由理想与德尔福、AVL 共同研发的，可实现 620km 的增

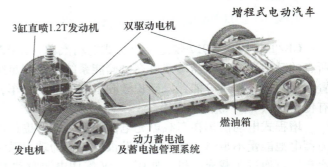

了解理想 ONE
增程式电动汽车

图 2-63　理想 ONE 增程式混合动力系统

程电动续驶。增程器不直接参与驱动，驱动方式是前、后双驱动电机四驱。其发动机为哈尔滨东安汽车动力股份有限公司独立自主研发的 1.2T 涡轮增压、3 缸直列式、DOHC（双顶置式凸轮轴）、4 气门、直喷、双 VVT（Variable Valve Timing，可变气门正时）的汽油机，其额定功率为 85kW，最大功率为 96kW，最大转矩为 174N·m。

前驱动电机是联合电子的永磁式驱动电机，集成了 GKN 变速器，功率为 100kW，转矩为 240N·m。后驱动电机为博格华纳的 eDM 电驱动桥（集成驱动电机和减速器），功率为140kW，转矩为 290N·m，齿轮速比为 4.0。发电机是联合电子的同步电机，峰值功率为100kW，峰值转矩为 100N·m。动力系统总转矩为 530N·m，相当于 3.0T 发动机的动力。其最高车速可达 172km/h，0~100km/h 加速时间为 6.5s。

动力蓄电池采用宁德时代的 NCM523 三元锂蓄电池（水冷），总电压为 355V，动力蓄电池容量为 40.5kW·h，总重量为 249.5kg，能量密度为 170Wh/kg，续驶里程可达 180km，能满足城市零排放通行需求。常规增程状态下，动力蓄电池 SOC（State of Charge，荷电状

态）降至 70% 时，增程发动机起动发电。采用快充时，0.5h 可以达到 80%SOC；采用慢充时，6h 可以充满。

2. 工作模式

（1）纯电动模式　在纯电动模式下，动力蓄电池输出电能，驱动电机带动车辆行驶，直到动力蓄电池的电量达到相应模式的阈值，例如动力蓄电池电量达到纯电动模式 30% 或增程模式 70% 前的输出状态，如图 2-64 所示。

（2）匀速行驶模式　在增程匀速行驶模式下，电能由增程器通过发电机直接输出给驱动电机，驱动车辆行驶，如图 2-65 所示。

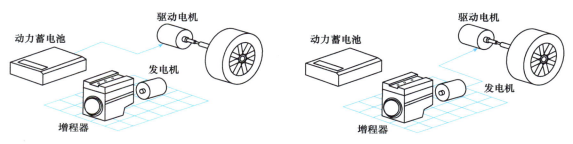

图 2-64　纯电动模式　　　　　　　　图 2-65　匀速行驶模式

学习理想 ONE
增程式电动
汽车工作原理

（3）急加速行驶模式　在车辆急加速时，由增程器通过发电机输出稳定功率，动力蓄电池也通过相应放电倍率放电，两者同时为驱动电机供电，以保证驱动电机大功率运转，驱动车辆行驶，如图 2-66 所示。此模式下，动力蓄电池会消耗掉一定的电量，使动力蓄电池电量小于模式阈值电量。

（4）匀速补电模式　在车辆回到匀速行驶后，继续由增程器通过发电机直接输出电量给驱动电机，驱动车辆行驶；同时，增程器通过发电机对动力蓄电池进行补电，让动力蓄电池的电量回到模式阈值电量。

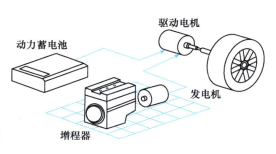

图 2-66　急加速行驶模式

2.7.4　雪佛兰 Volt 增程式电动汽车

1. 结构

如图 2-67 所示，2010 款雪佛兰 Volt 增程式电动汽车主要由增程器、动力蓄电池、驱动电机 M、发电机 G、行星轮系、3 个离合器组成。增程器由 1.4L 汽油发动机和永磁直流发电机组成。两台驱动电机通过行星齿轮机构驱动车辆，巧妙地利用行星轮系实现了电能与机械能的分配与合成，省去了传统的齿轮式变速器或自动变速器，具有较高的集成度。

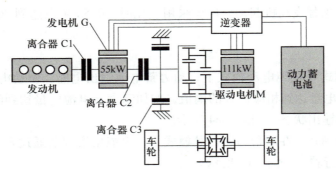

学习雪佛兰
沃蓝达增程
式电动汽车

图2-67 雪佛兰 Volt 增程式电动汽车结构

2. 工作模式

（1）低速纯电动模式 如图2-68所示，离合器C3接合，将行星轮系齿圈固定，驱动电机 M 单独驱动整车行驶，这时 C1、C2 处于分离状态，发动机与发电机不参与工作。

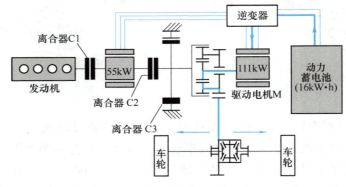

图2-68 低速纯电动模式

（2）高速纯电动模式 如图2-69所示，离合器 C1、C3 分离，C2 接合，发电机变为电动机驱动车辆，从而实现驱动电机 M、发电机的转矩叠加，共同驱动整车行驶。

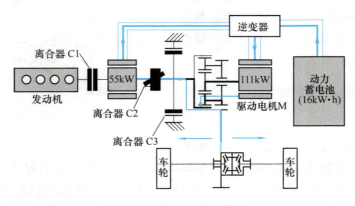

图2-69 高速纯电动模式

（3）低速增程模式 如图2-70所示，在低速纯电动模式下，如果动力蓄电池能量接近下限，离合器 C1 接合，发动机驱动发电机发电，以维持动力蓄电池的电量。

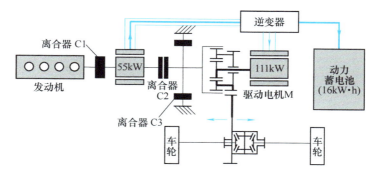

图 2-70　低速增程模式

（4）高速增程模式　如图 2-71 所示，离合器 C1、C2 接合，C3 分离，发动机直接参与车辆驱动，在功率富余时发电机发电，驱动电机 M 起锁止作用。动力蓄电池工作在电量保持状态，效率较纯电动汽车高速模式提高 15%。与其他增程式电动汽车不同，Volt 在高速增程模式时发动机带动发

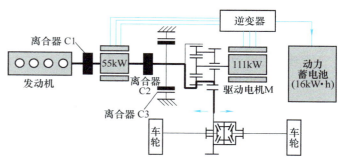

图 2-71　高速增程模式

电机，一方面发电，另一方面通过发电机驱动车辆。与混合动力电动汽车不同的是，如果没有电动机参与驱动，发动机是不能直接驱动车辆的，所以 Volt 属于增程式电动汽车。

纯电动汽车

学习目标

1. 知识目标

1) 理解纯电动汽车的定义、分类及特点。
2) 了解国内外纯电动汽车的发展现状。
3) 掌握纯电动汽车的组成。

2. 能力目标

1) 能够分析纯电动汽车的结构与工作原理。
2) 能够介绍纯电动汽车的关键技术。
3) 能够阐释 ARCFOX（极狐）的品牌优势及关键技术。

3. 素养目标

1) 培养学生的民族自豪感。
2) 培养学生分析问题、解决问题能力。
3) 培养学生独立思考的能力。

3.1 概述

汽车的发展极大地改变了人们的生活方式，方便了人们的出行，同时产生了能源消耗、环境污染等世界性难题。在全球环境面临严峻问题情况下，中国作为负责任大国提出了"双碳"减排目标。2020 年 9 月国家主席习近平在第七十五届联合国大会上提出将采取更加有力的政策和措施，实现双碳目标。加快发展纯电动汽车技术能够促进双碳目标的实现。

纯电动汽车也称为蓄电池电动汽车，其动力系统主要由动力蓄电池、驱动电机组成，从电网取电（或更换蓄电池）获得电力，并通过动力蓄电池向驱动电机提供电能来驱动汽车。在应用范围方面，起初纯电动汽车主要用于特定区域、特定路线，如零排放公交车、游览车、社区公交"微循环"车，以及特种行业的工程用车等。

纯电动汽车的发展尽管经历了多次起伏，但随着高性能的锂离子动力蓄电池、高效电力驱动系统等各种高新技术的发展应用以及社会对零排放概念的深入理解，纯电动汽车被赋予了新的生命力，有了新的发展机遇，受到各国政府和各大汽车公司的重视。

3.1.1　纯电动汽车的分类

纯电动汽车有多种分类方法，可按所选用的储能装置或驱动电机的不同来分类，也可按驱动结构的布局或用途的不同来分类。

1. 按用途分类

纯电动汽车按照用途的不同可分为运输用电动汽车和专用特种电动汽车。

运输用电动汽车划分为纯电动乘用车和纯电动商用车。

1）纯电动乘用车一般称为电动轿车，车辆座位数不超过 9 座，用于载运乘员及其随身行李。

2）纯电动商用车可分为电动客车和电动货车，电动客车车辆座位数大于 9 座，用于载运较多的乘员，提供公共服务。电动货车用于载运各种货物。

常见的专用特种电动汽车划分为电动专用汽车、电动娱乐汽车和电动竞赛汽车。

1）电动专用汽车指装置有专用工作装置、完成专项作业任务的电动汽车。

2）电动娱乐汽车指高尔夫球场电动车、观光电动汽车等用于娱乐活动的场地电动汽车。

3）电动竞赛汽车指专门为竞赛设计的电动汽车。

2. 按储能装置分类

目前纯电动汽车所采用的储能装置主要有铅酸蓄电池、锂离子蓄电池、镍氢蓄电池、钠硫蓄电池等。由于纯电动汽车以动力蓄电池作为唯一能源，所以动力蓄电池的各项性能指标很大程度上决定了汽车的行驶性能，如纯电动汽车的续驶里程和加速能力与动力蓄电池的比能量和比功率有关。

3. 按驱动电机分类

纯电动汽车常见的驱动电机类型有直流电动机、永磁同步电动机、交流异步电动机、开关磁阻电动机四类。

直流电动机具有控制简单、成本较低、技术成熟等优点，但直流电动机由于有电刷，存在电刷易磨损、需定期维护等缺点，目前已经很少应用在普通电动汽车上，大多应用在老年代步车、旅游观光车等低速电动车上。

永磁同步电动机采用永久磁铁励磁，电动机的转子转速与定子绕组交流电的频率始终保持一致，故具有转化效率高、过载能力强、免维护等优点，但目前存在着成本较高、功率受限等缺点，目前被国内大部分电动汽车制造厂商所选用。

交流异步电动机转子的转速总要比定子电磁场的转速慢 2%～6%，也就是异步运行，其具有结构简单、可靠性较高、拥有较好的高速性能以及加速性能等优势。

开关磁阻电动机是一种新型的典型机电一体化装置，具有结构简单、坚固可靠、制造成本低等特点，即特别适于汽车起步和动力蓄电池驱动。其缺点主要是振动及噪声较大，需通过相应技术措施来改进，目前在电动汽车上普及率不高。

4. 按驱动方式分类

其典型的基本结构有 4 种：传统的驱动模式、电动机–驱动桥组合式驱动方式、电动机–驱动桥整体式驱动方式、轮毂电机分布式驱动方式，如图 3-1 所示。由于汽车转弯时，外侧车轮的转弯半径比内侧车轮大，所以需要通过差速器来配合两侧车轮转速不同的要求。前两种需采用具有行星轮结构的机械式差速器。第3种差速器可用机械式或电控式，第4种可实现电子差速控制。

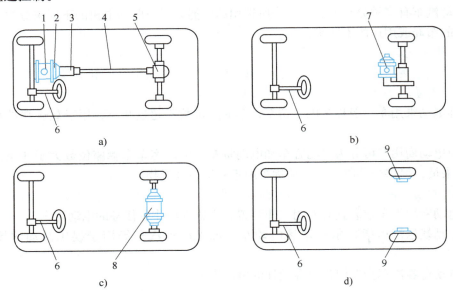

图 3-1　4种典型的驱动结构

a）传统的驱动模式　b）电动机-驱动桥组合式驱动方式
c）电动机-驱动桥整体式驱动方式　d）轮毂电机分布式驱动方式

1—电动机　2—离合器　3—变速器　4—传动轴　5—驱动桥　6—转向器　7—电动机-驱动桥组合式驱动系统
8—电动机-驱动桥整体式驱动系统　9—轮毂式电动机

3.1.2　纯电动汽车的特点

纯电动汽车是以蓄电池为电源，以驱动电机为唯一驱动力的车辆，与其他类型汽车相比，通常具有以下特点：

1. 零排放，舒适性好

纯电动汽车使用的是蓄电池产生的电能，工作过程中不会产生尾气，是真正意义上的无污染汽车。相比传统内燃机汽车，纯电动汽车没有了发动机、变速器等振源，而电动机本身的运转平稳，噪声较小。另外，纯电动汽车变速控制完全由控制器控制驱动电机转速实现无级变速，大大提高了汽车行驶的平顺性。

2. 能源效率高

对纯电动汽车的研究表明，其总体的能源效率已经超过汽油机汽车。特别是在城市道路运行时，汽车走走停停，行驶工况变化频繁，而内燃机汽车在怠速工况和起步工况燃油燃烧不充分，加重了污染。纯电动汽车在停驶时，不消耗电能，制动时会回收制动能量，所以优势明显，能源效率利用较高。

由于纯电动汽车的车载电源为蓄电池，向蓄电池充电的电能可以由煤炭、天然气、水力、核能、太阳能、潮汐能等多种能源转化。因此，纯电动汽车的应用可以有效地降低对石油资源的依赖。除此之外，还可以在夜间电网用电低谷的时候向蓄电池充电，有利于电网均衡负荷，提高电力资源的利用率，降低汽车的使用成本。

3. 结构简单，使用维修方便

与内燃机汽车、混合动力电动汽车和燃料电池电动汽车相比，纯电动汽车的结构简单，动力传动部件减少、维护工作量小，当驱动电机采用永磁无刷直流电动机、交流异步电动机或开关磁阻电动机时，驱动电机本身无须维护。此外，纯电动汽车的动力驱动系统、电子控制系统的故障检修比发动机及其电子控制系统简单得多，纯电动汽车的驾驶操纵较简单。

4. 动力电源使用成本高，续驶里程短

目前，作为纯电动汽车唯一动力电源的蓄电池，其多项技术性能指标还远未达到人们设想的目标，且价格高、使用寿命短，不仅提高了纯电动汽车本身的价格，而且其使用成本较高。此外，蓄电池的能量密度低，储存的能量有限，一次充电后续驶里程不理想，并且充电的时间太长。因此，从汽车价格、使用成本等方面看，目前的纯电动汽车还不能与燃油汽车相抗衡。

3.1.3 纯电动汽车的组成

纯电动汽车的基本组成可分为 3 个子系统，即主能源子系统、电力驱动子系统和辅助控制子系统（图 3-2）。其中，主能源子系统由主电源和能量管理系统构成。能量管理系统是实现能源利用主电源（动力电池组等）监控、协调充电、放电控制等功能的关键部件；电力驱动子系统由电子控制系统、驱动电机、机械传动系统和驱动车轮等部分组成；辅助控制子系统主要由电压变换器、辅助电源等组成，电动汽车主电源是辅助电动动力来源，如依靠辅助电源实现动力转向、空气调节等功能。

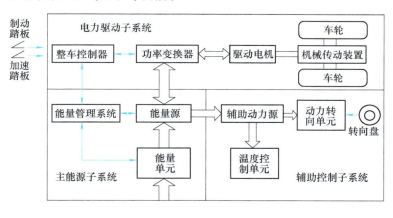

图 3-2 纯电动汽车组成示意图

与内燃机汽车相比，纯电动汽车的特点是结构灵活。内燃机汽车多为机械传动，而电动汽车的驱动电机与动力蓄电池是通过柔性的导线连接的，这样电动汽车各部件在车上的布置具有很大的灵活性。电动汽车电动机的种类较多，不同类型的电动机直接影响纯电动汽车的行驶性能。电动汽车采用不同类型的储能装置，如各种类型的动力蓄电池、超级电容器和飞轮电池等装置，储能装置的不同，影响着电动汽车的整车质量和体积，影响着整车主要性能。

变速传动系统是电动汽车电力驱动子系统的一个重要部件，它指的是驱动电机转轴和车轮之间的机械传动部分。对于传统内燃机汽车，变速器是必要的部件；对于纯电动汽车，由于驱动电机的转矩和转速完全可以用电机控制器进行调节控制，因此变速系统的设计可以有多种不同的选择，可以采用传统的手动或自动变速器变速，也可以控制驱动电机直接变速。纯电动汽车工作示意图如图3-3所示。

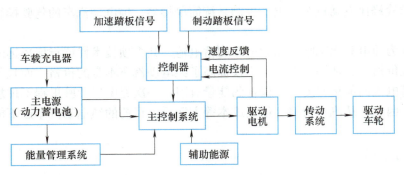

图3-3　纯电动汽车工作示意图

3.2　纯电动汽车的关键技术

纯电动汽车作为机械、电子、能源、计算机、汽车和信息技术等多种高新技术的集成品，是典型的高技术产品，其最终目标是实现智能化、数字化和轻量化。目前，研制和开发的关键技术主要有蓄电池、电动机、电动机控制、车身和底盘设计以及能量管理等技术，其中前三项是电动汽车发展的技术瓶颈。

3.2.1　纯电动汽车动力蓄电池技术

目前，成熟的动力蓄电池技术有三元锂和磷酸铁锂两大类。虽然两者同属于锂离子蓄电池，但是其性能却截然不同。两种蓄电池的负极材料一般采用石墨烯材料，但正极材料不同。磷酸铁锂蓄电池使用磷酸铁锂做蓄电池的

学习电动汽车
蓄电池分类

正极，三元锂蓄电池使用三元锂做蓄电池的正极。三元锂蓄电池能量密度比磷酸铁锂离子蓄电池的大，这就意味着续驶里程相应的要长，但因其含钴、锰等比较贵重的金属元素，原材料成本较高。使用寿命方面，磷酸铁锂蓄电池循环寿命比三元锂蓄电池要长，一般的三元锂蓄电池标称循环2000次左右，但在循环使用不超过1000次的时候，它的容量就衰减到一半了。磷酸铁锂蓄电池同样1000次循环使用后，容量一般只衰减20%左右。耐低温性能方面，三元锂蓄电池的耐低温性能要优于磷酸铁锂蓄电池，例如同样在−20℃的时候，三元锂蓄电池能够释放出大约70%的电量，而磷酸铁锂蓄电池大约只能释放出来50%的电量。安全性方面，三元锂蓄电池的热稳定性差，容易起火甚至爆炸，而磷酸铁锂蓄电池性能比较稳定。

在磷酸铁锂蓄电池制造商中，比亚迪生产的刀片蓄电池具备了世界最先进生产技术。比亚迪刀片蓄电池内部上盖采用"蜂窝"结构，在材料质量相等的情况下，蜂窝结构可以实现更高的刚度和强度。刀片蓄电池层层叠加，又运用了"筷子"原理，使得整个蓄电池模块具有极高的防撞击和抗碾压性能，刀片蓄电池（图3-4）还成功通过了国内最严苛的"针

刺测试"。

3.2.2 蓄电池能量管理技术

纯电动汽车的优点是结构简单，但它的大规模产业化受到了动力蓄电池技术的制约。动力蓄电池的主要问题体现在两个方面：其一是比能量低，在车辆能够提供的有效布置空间内，布置的蓄电池不能满足车辆续驶里程的要求，蓄电池组的高价格直接影响电动汽车的性价比；其二是蓄电池组的性能较差，循环寿命低和成组一致性差会影响电动汽车的使用寿命。要提高纯电动汽车用蓄电池组的性能，除需提高蓄电池单体自身性能外，还需使用完备

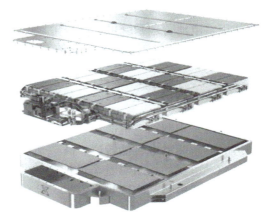

图 3-4 比亚迪刀片蓄电池

的蓄电池管理系统，尤其是单体蓄电池一致性较差的情况下，蓄电池管理系统的作用就更为重要。蓄电池管理系统可使蓄电池组充分发挥蓄电池单体的性能，降低蓄电池组的故障概率，延长蓄电池组的使用寿命。因此，研究纯电动汽车能量管理系统对于纯电动汽车的发展具有十分重要的意义。

纯电动汽车能量管理系统是纯电动汽车整车能量分配与优化、纯电动汽车动力蓄电池管理系统、纯电动汽车制动能量回收系统的集成。

1. 能量分配与优化控制

纯电动汽车续驶里程短是制约纯电动汽车产业化的主要因素之一，因此如何更为合理地分配能量来延长车辆的续驶里程非常重要。由于纯电动汽车只有动力蓄电池一个动力源，不能像混合动力汽车那样通过调节油电混合比例提高效率，纯电动汽车的能量分配优化大都是在满足车辆动力性、经济性指标要求的前提下，提高驱动系统和能源系统的效率。

2. 电动汽车信息采集系统的故障诊断及纯电动汽车蓄电池的荷电状态估算

纯电动汽车区别于传统燃油汽车的一个重要特点是需要采集和处理大量的信息。对于纯电动汽车来说，电池管理系统需要采集车辆的电压、电流、温度等信息，通过计算处理并上报整车控制系统来实现对车辆的控制。由于大量信息都是通过 CAN 总线进行传输的，在实际使用过程中，由于时滞现象的出现会导致系统不稳定。另外，由于电动汽车蓄电池组包括多节蓄电池串、并联的结构，采集系统通道繁多，当其中某个通道执行器出现故障时，如何保证系统稳定工作也是很关键的技术问题。电动汽车的剩余续驶里程估算一直是电动汽车的难点技术之一，由于锂离子蓄电池的电压与剩余电量之间不是线性关系，SOC 估算误差较大。近年来很多学者研究诸多 SOC 估算的算法，提高了 SOC 的估算精度。从应用于蓄电池管理系统产品的算法来看，大都采用安时法和开路电压法。

3. 再生制动能量回收技术

纯电动汽车制动能量回收是纯电动汽车的关键技术，在车辆制动时，将驱动电机改为发电模式，并将制动能转化为电能，存储到蓄电池系统。设计纯电动汽车制动能量回收系统时，需要在保证车辆的制动性能满足国家法规要求的前提下，尽可能多地吸收制动能量。同时，制动系统要符合驾驶人的驾驶习惯。

4. 车用蓄电池快速充电技术

电动汽车充电需要很长的时间，充电基础设施对蓄电池的充电时间产生了限制。

使用蓄电池管理系统可控制整个充电过程。不同的蓄电池化学物质有不同的充电曲线，通过蓄电池管理系统控制可编程的充电器，配备与蓄电池相应的充电曲线，可提高充电效率。

3.2.3 驱动电机及其控制技术

电动汽车用驱动电机通常要求能够适应频繁的起步与停车、加速与减速等各种工况。低速爬坡时要求驱动电机低转速、高功率；高速行驶时，要求驱动电机低转矩、变速范围大。因此，驱动电机的控制对整车性能影响很大。目前纯电动车辆的驱动电机主要采用直流电机、永磁同步电机和交流异步电机。针对不同的电机，其控制技术也不一样。

1. 直流电机的控制

直流电机的控制通常采用的是斩波控制，通过改变直流电机电枢两端的等效平均电压控制电机的转速和转矩。

直流电机的斩波控制如图 3-5 所示，斩波控制器根据信号分析后计算出的控制指令，通过控制励磁电流与电枢电压，达到控制驱动电机的转矩和转速的目的。具体控制过程为：当电机运转在恒转矩区域时，在稳定励磁电流的条件下，控制器通过改变电枢电压的大小来调整电机的转速；当电机运转在恒功率区域时，控制器将电枢电压保持恒定，通过调整励磁电流的大小来控制电机的转矩和转速。

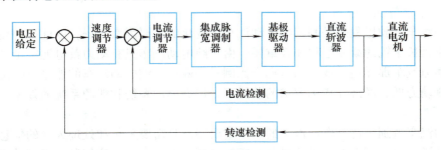

图 3-5　直流电机的斩波控制

2. 永磁同步电机控制技术

由于矢量控制能够让永磁同步电机在电动汽车调速等方面有着较为出色的性能，其控制技术主要采用转子磁场定向矢量控制技术，并由此产生了很多种控制方法。例如电流控制就包括电流指令生成、定子电流检测以及电流的闭环控制 3 种技术方法应用。

3. 交流异步电机控制技术

随着电力电子技术瓶颈的突破以及调速方法的改进，使得电机驱动系统和控制策略逐渐被人们认可，但是调速控制仍然是交流感应电机控制技术的一个最主要缺陷。从目前技术应用来看，变频调速由于系统简单、技术成熟等特点，成为当前交流感应电机控制方法中应用最为广泛的方法之一。其调速控制技术，前沿研究较多的方法有 VVVF（变频变压控制）、VC（矢量控制）以及 DTC（直接转矩控制）等。

4. 开关磁阻电机控制技术

开关磁组电机由于自身不同于直流和交流电机的工作原理和驱动构造，使得通常用于直流、交流以及永磁同步电机的控制技术很难有效适用于开关磁阻电机。由于开关磁阻电机驱动系统较为复杂难以建模，其控制策略更依赖于人工智能技术的开发程度，常用的调控策略是采用神经网络控制和模糊逻辑控制。

3.3　纯电动汽车的结构与工作原理

3.3.1　电力驱动系统

电动汽车的驱动系统是电动汽车的核心部分，其性能决定着电动汽车运行性能的好坏。电动汽车的驱动系统布置取决于电动机驱动系统的布置形式，常见的驱动系统布置形式有以下几种。

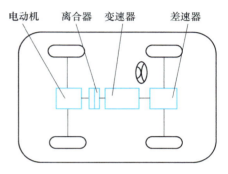

图 3-6　传统的驱动系统形式

1. 传统的驱动系统形式

如图 3-6 所示，这种布置形式与传统内燃机汽车驱动系统的布置形式一致，用电动机替代发动机，仍然采用内燃机汽车的传动系统，属于改造型电动汽车。这种布置可以提高电动汽车的起动转矩，增加低速时电动汽车的后备功率，但结构复杂、效率低，不能充分发挥电动机的性能。与传统内燃机汽车相似，有电动机前置、驱动桥前置，电动机后置、驱动桥后置等各种驱动形式。

2. 简化的传统驱动系统形式

如图 3-7 和图 3-8 所示，这种布置形式与传统内燃机驱动汽车相比，简化了传统的驱动系统，使用一组电动机，取消了离合器和变速器，采用固定速比减速器，可减少机械传动装置的质量、缩小其体积，提高传统系统的机械效率，可以继续沿用当前发动机汽车中的动力传动装置。这种方式对电动机的要求较高，不仅要求电动机具有较高的起动转矩，而且要求具有较大的后备功率，以保证电动汽车的起动、爬坡、加速、超车等动力性能。

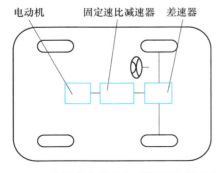

图 3-7　简化离合器和变速器的驱动形式

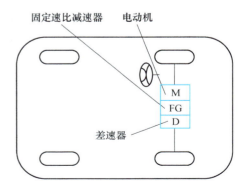

图 3-8　单电动机-驱动桥同轴布置驱动形式

简化的传统驱动系统形式可以通过"电动机-驱动桥组合式驱动系统"实现。电动机的输出轴线与半轴轴线平行，装有机械式传统装置的减速齿轮和差速器齿轮，动力经过左、右两个半轴来驱动车轮，它们组成一个整体。

简化的传统驱动系统形式也可以通过"电动机-驱动桥整体式驱动系统"来实现，如图3-9所示。把电动机、固定速比减速器和差速器集成为一个整体，采用特殊的空心轴的电动机、两根半轴连接驱动车轮。这种形式的传动机构结构紧凑，传动效率较高，安装方便，在小型电动汽车上应用最普遍。

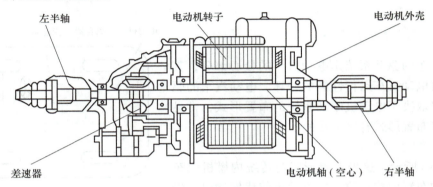

图 3-9　电动机–驱动桥整体式驱动系统

3. 双电动机驱动系统形式

如图 3-10 所示，这种布置方式在同轴上采用双电动机形式，将电动机直接装到驱动半轴上，电动机通过固定速比减速器分别驱动两个车轮，并且直接由电动机实现变速和差速转换，不必选用机械差速器。这种布置形式对电动机有较高的要求，如大的起动转矩和后备功率，同时不仅要求控制系统有较高的控制精度，而且要具备良好的可靠性，从而保证电动汽车行驶安全、平稳。

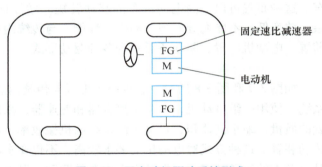

图 3-10　双电动机驱动系统形式

电子差速器原理示意图如图3-11b所示，其优点是体积小、质量小，在汽车转弯时可以实现精确的电子控制，提高电动汽车的性能；其缺点是由于增加了电动机和功率变换器，增加了初始成本，而且在不同条件下对两个电动机需要进行精确控制。

双电动机驱动系统由左、右两个永磁电动机直接通过半轴带动车轮转动。左、右两个电动机由中央控制器的电控差速模块控制，可以将双电动机驱动桥布置在纯电动汽车的地板下面，但其轴向长度要大一些。

4. 电动轮驱动系统形式

电动轮驱动系统又称为轮毂驱动电动机形式。这种布置方式将电动机直接装到了驱动轮上，由电动机直接驱动车轮。轮毂电动机可以布置在电动汽车的两个前轮、两个后轮或4个车轮的轮毂中，成为前轮驱动、后轮驱动或四轮驱动的电动汽车。

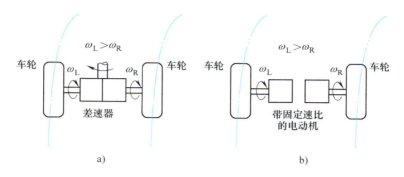

图 3-11 差速器原理示意图

a）机械差速 b）电子差速

电动轮驱动系统可以是低速电动机直接驱动车轮，如图 3-12 所示，又被称为"外转子电动轮驱动系统"。电动机转速和车轮转速相等，车轮转速和车速控制完全取决于电动机的转速控制。这种形式的电动机结构简单，无需齿轮变速传动机构，但轮毂电动机体积大、质量大、成本高。

电动轮驱动系统也可以采用高速电动机，装固定速比减速器降低车速，如图 3-13 所示，又被称为"内转子电动轮驱动系统"。一般采用高减速比行星轮减速装置，安装在电动机输出轴和车轮轮缘之间，且输入轴和输出轴布置在同一条轴线上。这种形式的电动机具有体积小、质量小和成本低的优点。

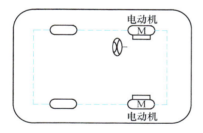

图 3-12 直接驱动形式的电动轮驱动示意图

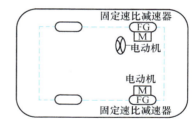

图 3-13 带有减速器的电动轮驱动系统示意图

实现电动轮驱动系统的轮毂驱动电动机的结构如图 3-14 所示。

3.3.2 车身与底盘

1. 车身

汽车车身主要由车身本体、开启件（各种门、窗、行李舱和车顶盖等）、座椅、内外饰附件和安全保护装置（保险杠、安全带、安全气囊等）组成。针对纯电动汽车能源少的特点，汽车车身的外形一般是缩小迎风面积来降低空气阻力，并采用轻型高强度材料来减轻整车自身的重量。

2. 汽车底盘

汽车底盘是整个汽车的基体，不仅起着支撑蓄电池、电动机、驱动控制器、汽车车身、空调及各种辅助装置的作用，同时将电动机的动力进行传递和分配，并使车辆按驾驶人的意

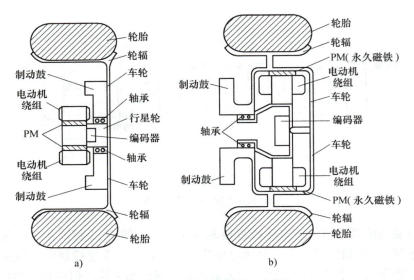

图 3-14 轮毂驱动电动机的结构

a）内转子电动机 b）外转子电动机

志（加速、减速、转向、制动等）行驶。汽车底盘包括传动系统、行驶系统、转向系统和制动系统四大系统。

纯电动汽车的传动系统因为所选驱动方式的不同，有的被简化或者删减掉了。

在部分纯电动汽车上已采用了电动转向系统。电动转向系统是一种现代化和轻便化的转向系统。在转向轴上，装有一个转矩传感器，在车辆行驶过程中，不断地感知由转向盘传递的转矩信息并产生相应的电压信号。与此同时，速度传感器对所测出的车速信息产生相应的电压信号。这两路信号输送到控制器中，经过运算和处理后输出相应的合适电流到转向助力电动机上。电动机产生转矩并通过减速器减速增矩，作用在转向轴上，得到一个与转向工况相适应的转向助力。图 3-15 和图 3-16 所示分别为某电动汽车电动转向系统的结构模型示意图和结构布置示意图。

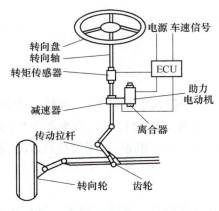

图 3-15 电动转向系统结构模型示意图

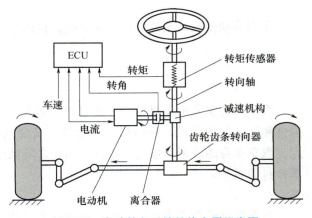

图 3-16 电动转向系统结构布置示意图

纯电动汽车的制动系统由反馈制动系统和液压制动系统共同组成，如图3-17 所示。

3.3.3　控制系统

纯电动汽车控制系统是基于使用车载微处理器的硬件和软件以及 CAN 通信网络系统等，来实现对汽车各个功能和总成的控制的。微处理器的功能包括信息的传达、分析、处理，控制指令的发布和修改，能量的传递和调控，执行器的动态响应，各个总成和器件的实时执行状态、传感器反馈的信息比较等功能。

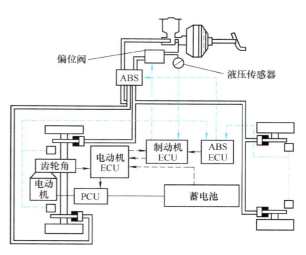

图 3-17　纯电动汽车制动系统

在微处理器控制系统中装备有多个子控制器、执行器和功能总成的实体，具体实现驾驶人的驾驶意图，并通过传感器反馈执行器在线执行的信息。使用控制系统可全面改善和提高电动汽车的安全性、可靠性、动力性、经济性、节能减排和环保等性能，创建良好、舒适的驾驶环境和人车对话氛围，减轻驾驶人驾驶和操控的繁杂劳动强度，减小安全事故的发生概率。电动汽车控制系统的构成如图 3-18 所示。

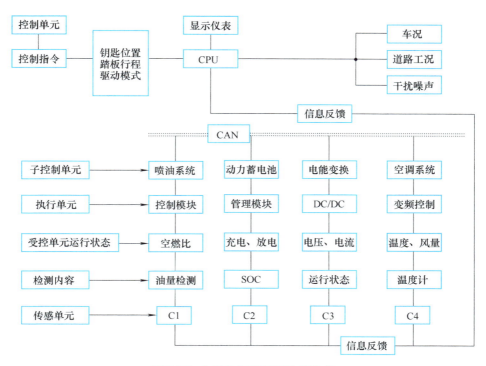

图 3-18　电动汽车控制系统的构成

3.4　ARCFOX（极狐）纯电动汽车介绍

ARCFOX（极狐）是依托北汽集团十余年新能源造车技术和经验的积累，全球首个商业化搭载 5G 技术的智能模块标准架构。

ARCFOX 品牌共有两款车型，分别是极狐 αT 与极狐 αS。前者为 SUV 车型，后者为轿车，如图 3-19、图 3-20 所示。现以极狐 αT 2021 款 480S 标准续航版为例，进行详细介绍。

图 3-19　极狐 αT

图 3-20　极狐 αS

ARCFOX αT 车型基于全新纯电动平台开发，全新的网络构架，以动力蓄电池包最大化设计整车架构，动力总成匹配高压平台，同时满足高性能要求；以长续航、大空间、高品质、智能化为亮点，满足 C-NCAP 五星碰撞要求。该车型长、宽、高分别为 4788/1940/1683mm，轴距达到 2500mm，整车质量为 2915kg。动力蓄电池设计上融入 NCM811 蓄电池新材料、软包蓄电池新技术及蓄电池检测新工艺，使得综合路况下，该款车型的 NEDC 纯电续驶里程超过 480km。动力性方面，官方测试百公里加速时间为 7.8s。

（1）蓄电池管理系统（BMS）　BMS 作为动力蓄电池的"大脑"，管理、维护、监控动力蓄电池各个模块。它通过对蓄电池系统、高压系统及部件的故障诊断与安全保护，有效地保障整车及动力蓄电池安全；通过对动力蓄电池状态进行精准估算和能量管理，对于延迟动力蓄电池能量利用、延长其使用寿命有着重要意义。BMS 的功能如图 3-21 所示。

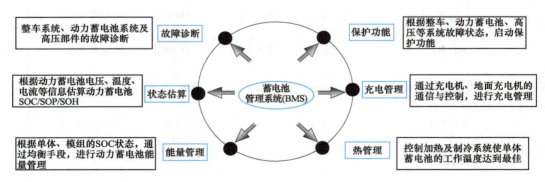
图 3-21　BMS 的功能

1）电压采集：通过蓄电池管理专用采样芯片进行单体蓄电池电压的采集，通过总线传递给 BMS 控制主控芯片。

2）温度采集：通过温度传感器（通常为 NTC）将温度转换为电信号，通过专用芯片或单片机 ADC 进行采集，然后根据 RC 曲线处理为温度值。

3）电流采集：通过电流传感器（霍尔式、电磁式、分流器）将电流转换为电信号，接收智能电流传感器电流值或 BMS 信号进行采样处理。

（2）驱动电机　在动力方面，北汽 ARCFOX 搭载的驱动电机为永磁同步电机，采用水冷系统，单驱动电机额定功率为 160kW，额定转矩为 360N·m，该车最高车速为 180km/m。其驱动效率、疲劳寿命、噪声等重要指标均达到国内同等产品领先水平。驱动电机结构采用永磁励磁方式，结构紧凑、可靠性高，易于加工，拆装方便。驱动电机通过整车驱动控制策略，实现电动机模式驱动车辆前进、倒车，以及发电机模式回馈制动。驱动电机控制框图如图 3-22 所示。

驱动电机系统的控制中心又称智能功率模块，以 IGBT（绝缘栅双极型场效应晶体管）模块为核心，辅以驱动集成电路、主控集成电路，对所有的输入信号进行处理，并将驱动电机控制系统运行状态的信息通过 CAN 网络进行共享发送。电机控制器内含故障诊断电路，当诊断出异常时，它会激活一个错误代码，发送给组合仪表，同时会存储该故障码和数据。驱动电机系统由驱动电机（DM）和电机控制器构成。

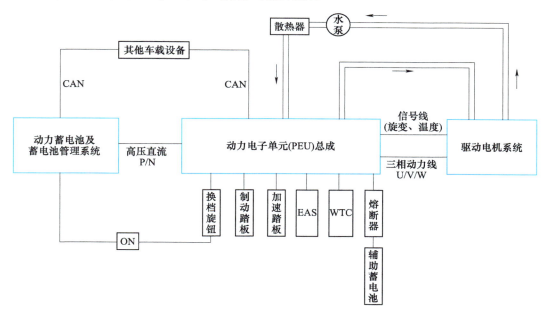

图 3-22　驱动电机控制框图

（3）智能座舱　智能座舱（图 3-23）的功能有人脸识别、分心提醒、隔空手势、疲劳提醒及能量管理等。

1）人脸识别：该功能因车辆配置不同而有差异，该功能只针对有车内摄像头模块的车型。人脸识别功能支持用户使用人脸信息登录车机账户。

2）分心提醒：该功能因车辆配置不同而有差异，该功能只针对有车内摄像头模块的车型。车内摄像头持续分析驾驶人的头部姿态是否偏离道路，判断驾驶人注意力是否集中并进行分心预警。

3）隔空手势：用户可以在系统设置界面选择开启或关闭悬空手势功能。开启悬空手势后，可选择悬空手势对应控制功能或控制界面。当悬空手势为开启状态时，用户掌心正对触控显示屏上方停留 2s 时，车机将识别到一个停留手势，并且在车机屏幕上显示手势功能可用的图标。此时用户可使用上划、下划、左划、右划的手势。当系统识别到悬空手势时，将在屏幕上方显示此时识别到的手势为停留、左划、右划、上划、下划或不可用手势，来指导用户更好地使用隔空手势功能。

4）疲劳提醒：该功能因车辆配置不同而有差异，该功能只针对有车内摄像头模块的车型。车内摄像头持续分析驾驶人的闭眼和打哈欠状态，判断驾驶人是否疲劳驾驶并进行疲劳预警。

5）能量管理（图 3-24）：用户可在此查看自己的环保贡献称号、总里程、二氧化碳减少排放量以及总种植树数量、月种植树数量指数。

图 3-23　智能座舱

图 3-24　能量管理

燃料电池电动汽车

1. 知识目标

1）理解燃料电池电动汽车的定义、分类及特点。

2）了解燃料电池电动汽车的发展历史。

3）掌握燃料电池电动汽车的组成及关键技术。

2. 能力目标

1）能够分析燃料电池电动汽车的结构与工作原理。

2）能够描述燃料电池电动汽车的氢气安全控制策略。

3）能够分析重整燃料电池氢气的生产过程。

3. 素养目标

1）培养学生的爱国意识及民族自豪感。

2）培养学生分析问题、解决问题的能力。

3）培养学生的安全意识。

4.1　概述

燃料电池电动汽车（FCEV）以电动机输出动力，用燃料电池作为能源转换装置，利用氢气作为燃料。与传统内燃机汽车相比，FCEV 不通过热机过程，不受卡诺循环的限制，具有能量转化效率高、环境友好等内燃机汽车不可比拟的优点，同时可以保持传统内燃机汽车高速度、长距离行驶和安全、舒适等性能，被认为是 21 世纪首选的洁净、高效运输工具。

《中国制造 2025》将"节能与新能源汽车"作为重点进展领域，明确了"连续支持电动汽车、燃料电池电动汽车进展"的要求，为新能源汽车的进展指明方向。其中，明确提出了针对燃料电池电动汽车的国家层面的规划，包括推广数量及关键技术指标，到 2025 年，制氢、加氢等配套基础设施基本完善，燃料电池电动汽车实现区域小规模运行。这些目标表达了我国推广燃料电池电动汽车的坚定决心。

4.1.1 定义

GB/T 24548—2009《燃料电池电动汽车 术语》中规定了与燃料电池电动汽车相关的术语与定义。

（1）燃料电池 燃料电池（Fuel Cell）是将外部供应的燃料和氧化剂中的化学能通过电化学反应直接转化为电能、热能和其他反应产物的发电装置。

（2）燃料电池电动汽车 燃料电池电动汽车（Fuel Cell Electric Vehicle，FCEV）是以燃料电池系统作为动力源或主动力源的车辆。

燃料电池电动汽车一般以质子交换膜燃料电池（PEMFC）作为车载能量源。

4.1.2 分类

1. 按有无蓄能装置分类

根据燃料电池电动汽车是否配备蓄能装置，可以把燃料电池电动汽车分为纯燃料电池电动汽车和混合燃料电池电动汽车两大类。

学习燃料
电池电动
汽车的分类

（1）纯燃料电池电动汽车 纯燃料电池电动汽车的燃料电池是电动汽车上电能的唯一来源。这种类型的燃料电池电动汽车要求燃料电池的功率大并且无法回收汽车制动能量。因此，纯燃料电池电动汽车目前应用较少。

（2）混合燃料电池电动汽车 混合燃料电池电动汽车除燃料电池外，还配备了蓄能装置（如动力蓄电池、超级电容器和飞轮蓄电池等）。由于蓄能装置可以协助供电，因而可适当减小燃料电池的功率，且蓄能装置可用于汽车制动时的能量回收，所以可提高燃料电池电动汽车的能量利用率。因此，燃料电池电动汽车多采用混合型结构。

2. 按燃料电池与动力蓄电池的结构关系分类

根据混合型燃料电池电动汽车中燃料电池和动力蓄电池的电路结构，可将混合型燃料电池电动汽车分为串联式和并联式两种，如图4-1所示。

（1）串联式燃料电池电动汽车 串联式燃料电池电动汽车动力系统的示意图如图4-1a所示。其燃料电池相当于车载发电装置，通过DC/DC变换器进行电压变换后对动力蓄电池充电，再由动力蓄电池向驱动电机提供驱动车辆的全部电力。串联式燃料电池电动汽车的特点与普通的串联式混合动力电动汽车相似，其优点是可以采用小功率的燃料电池，但要求动力蓄电池的容量和功率足够大，且燃料电池发出的电能需要经过动力蓄电池的电化学转化过程，这个过程有能量的转换损失。目前，串联式燃料电池电动汽车较为少见。

（2）并联式燃料电池电动汽车 并联式燃料电池电动汽车动力系统的示意图如图4-1b所示。它由燃料电池和动力蓄电池共同向驱动电机供电。根据燃料电池和动力蓄电池能量大小的配置不同，可将并联式燃料电池电动汽车分为大燃料电池型和小燃料电池型两种。大燃料电池型主要由燃料电池提供电力，动力蓄电池的容量较小，只是在汽车起步、加速和爬坡等行驶工况时协助供电，并在车辆减速与制动时进行能量回收。小燃料电池型则必须采用大容量动力蓄电池，由动力蓄电池提供主要电力，燃料电池只是协助供电。并联式是目前燃料电池电动汽车采用较多的形式。

3. 按提供的燃料不同分类

根据燃料电池提供的燃料不同，燃料电池电动汽车可分为直接燃料电池电动汽车和重整

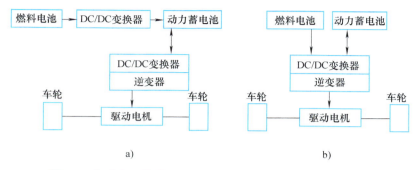

a)　　　　　　　　　　　　b)

图 4-1　串联式和并联式燃料电池电动汽车动力系统的示意图

a）串联式　b）并联式

燃料电池电动汽车两大类。

（1）直接燃料电池电动汽车　直接燃料电池电动汽车的燃料主要是纯氢，也可以用甲醇等燃料。采用纯氢作燃料的燃料电池电动汽车，氢燃料的储存方式有压缩氢气、液态氢和合金（碳纳米管）吸附氢等几种。

（2）重整燃料电池电动汽车　重整燃料电池电动汽车的燃料主要有汽油、天然气、甲醇、甲烷、液化石油气等。重整燃料电池电动汽车的结构比氢燃料电池电动汽车复杂得多。例如，甲醇重整燃料电池电动汽车需要对甲醇进行 200℃ 左右的加热以分解出氢，汽油重整燃料电池电动汽车需要对汽油进行 1000℃ 左右的加热分解出氢。无论采用什么燃料，重整燃料电池电动汽车都需要设置重整装置，将其他燃料转化为燃料电池所需的氢。

4.1.3　特点

1. 优点

（1）热效率高　碳氢化合物燃料经过重整器重整，并由燃料电池将化学能转变为电能，然后通过驱动电机和驱动系统驱动汽车车轮，其综合效率可达到 34%；而内燃机汽车的发动机将燃料的化学能转变为机械能，然后通过传动系统起动汽车车轮，其综合效率为 11%，效率仅为燃料电池电动汽车的 1/3。热效率高是燃料电池突出的优点，这意味着燃料电池电动汽车比内燃机汽车更加节能。

（2）零污染或超低污染　采用以氢气为燃料的燃料电池，燃料经过化学反应后的产物只有水，其排放属于零污染；采用以甲醇或汽油经过重整后产生氢气，也只有少量的 CO、CH 和 NO_x 等有害气体排放，属于超低污染，完全可达到最严格的排放标准要求。并且燃料电池本身没有运动副的摩擦损耗，在化学反应过程中无噪声。

（3）在宽广的功率范围内保持高效率且过载能力强　燃料电池在额定功率下运行，效率可达到 60% 左右。在部分功率下运行时，效率可达到 70%；在过载功率下运行时，效率可达到 50% 左右。其功率范围宽广，效率受输出功率变化影响小，短时过载能力可达到 200%，可满足各种类型的燃料电池电动汽车在动力性和加速性等方面的要求。

（4）配置灵活及机动性大　不同种类的燃料电池的单体电池所能产生的电压略有不同，单体电池所能产生的电压约为 1V。通常将多个单体电池按使用电压和电流的要求组合成燃料电池组，有利于组合成不同功率的燃料电池组。其辅助设备可以在不同类型燃料电池电动汽车上灵活配置，能够充分地利用车辆上的有效空间。

（5）充分利用现有的设施　与其他电池类电动汽车不同的是，燃料电池电动汽车的续驶里程可以与内燃机汽车相同，关键取决于燃料电池电动汽车燃料箱所装载的燃料（氢气、甲醇或汽油等）量。特别是以甲醇或汽油为燃料时，燃料的装载方法与内燃机汽车很相似，在几分钟内即可加满所需的燃料，因此可以充分利用现有内燃机汽车加油站的现成设备和服务体系。

2. 缺点

（1）辅助设备复杂　以甲醇或汽油为燃料的燃料电池电动汽车，其燃料通过重整器进行重整后，除产生氢气外，还有少量的 CO、CO_2、CH 和 NO_x 等气体混杂在氢气中，其中 CO 会使催化剂"中毒"失效，在氢气进入燃料电池组之前，必须采用净化装置对 CO、CO_2、CH 和 NO_x 等气体进行分离处理，这增加了结构和工艺的复杂性。由于甲醇或汽油在重整装置中会产生热量，因此还需要对重整装置进行热量控制和管理。

（2）辅助设备重而体积大　目前，燃料电池电动汽车大部分采用氢气作燃料，但氢气的制取、存储、运输和罐装还没有实现规模化，安全保护要求高。采用氢气作为燃料需要特种储气罐，罐体体积大、占用空间大，使用成本也很高，给燃料电池电动汽车的使用带来不便。在采用甲醇、汽油等燃料电池系统中，需要通过重整器对甲醇和汽油等燃料进行重整后才能制取氢气。目前重整器、净化器和其他辅助装置在燃料电池电动汽车上所占的体积和质量都较大，需要进一步解决其小型化和轻量化的问题。

（3）起动时间长并需提高系统的耐振能力　采用甲醇和汽油作为燃料时，需要通过重整器进行重整，一般需要较长时间才能产生足够的氢气，比内燃机起动的时间长得多，影响了汽车的机动性。燃料电池发动机系统包括燃料电池本身和各种辅助设备，在车辆受到振动或冲击的时候，各种管道的连接和密封的可靠性需要进一步提高，以防止发生氢气泄漏，降低氢气的利用率，影响燃料电池的效率，严重时还会引发氢气燃烧事故。由于要求严格密封，使得燃料电池的制造工艺很复杂，并给使用和维护带来困难。

4.1.4　燃料电池电动汽车发展

燃料电池出现至今已经有100多年的历史，其发展过程可归纳为实验室研究开发和实际应用开发两个阶段。

早在1839年，英国人 William Grove 爵士就提出了氢气和氧气反应可以发电的原理。氢氧燃料电池汽车如图4-2所示。他在一次偶然的电解实验中，发现将电解器的两个电极连接时，有反向的电流产生，同时消耗氢气和氧气。这种以铂片电极浸入稀硫酸中能产生电压为1V的发电装置被公认为现代燃料电池的雏形。此后

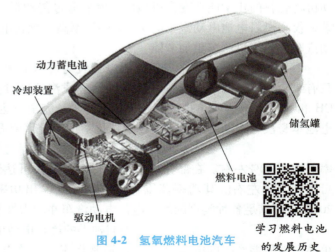

动力蓄电池

冷却装置

储氢罐

燃料电池

驱动电机

图4-2　氢氧燃料电池汽车

学习燃料电池的发展历史

的 100 多年里，人们采用铂片作为电极，以 KOH 作为电解质，并用氢作为燃料，重复着 William Grove 的燃料电池发电试验。这一阶段的燃料电池输出的电流有限，不具有实际应用价值。直到英国人培根（Francis T. Bacon）研究出了具有实际意义的培根电池，这才使得燃料电池走出实验室，服务于人类的生产活动。

1952 年，英国人培根研制出了 5kW 的碱性电池组。该燃料电池组可用作小型机械的动力。20 世纪 60 年代，美国 IFC（International Fuel Cell）公司制造的燃料电池为阿波罗登月飞船提供了电力和宇航员的饮用水。此后，燃料电池技术得到了迅速发展，燃料电池的应用也从航天扩展到了军事、发电、电动汽车等领域。美国、日本、加拿大、俄罗斯、德国及我国都致力于燃料电池的研究和开发，燃料电池从几瓦发展到了兆瓦级的大型装置。1968 年，美国通用汽车公司推出了第一辆燃料电池电动汽车。自此以后，燃料电池电动汽车作为一种清洁能源汽车被世界各国重视。

当前，车用燃料电池技术发展方向明确，氢能质子膜燃料电池被确定为最适合车辆应用的燃料电池技术，技术攻关的目标是降低成本、提高可靠性和耐久性。

4.2　燃料电池及供氢系统

4.2.1　燃料电池系统

燃料电池技术是燃料电池电动汽车的最关键技术之一。燃料电池电堆的净输出功率、耐久性、低温起动性及成本等，直接影响燃料电池电动汽车的性能和发展。目前，降低燃料电池成本是燃料电池电动汽车研究的最主要目标，而控制燃料电池成本最有效的手段是减少燃料电池材料的成本、降低加工费用。在降低燃料电池成本的同时，进一步提高燃料电池的性能，是目前燃料电池电动汽车技术研究的重点。燃料电池系统还有许多需要攻克的技术难题，例如系统起动与关闭的时间、系统能量管理与变换操作、电堆水热管理模式以及降低高性能的辅助装置成本。

1. 质子交换膜燃料电池

质子交换膜燃料电池（Proton Exchange Membrane Fuel Cell，PEMFC）通常是以可传导离子的全氟磺酸型固体聚合物为电解质的燃料电池，因此也称聚合物电解质燃料电池、固体聚合物燃料电池或固体聚合物电解质燃料电池。该聚合物膜是酸性的，因此迁移的离子为氢离子或质子。质子交换膜燃料电池由纯氢和作为氧化剂的氧或空气一起供给燃料。

（1）质子交换膜燃料电池的工作原理　质子交换膜燃料电池在原理上相当于水电解的"逆"装置，其单体电池由阳极、阴极和质子交换膜组成，阳极为氢燃料发生氧化的场所，阴极为氧化剂还原的场所，两极都含有加速电极电化学反应的催化剂，一般采用铂、碳为电催化剂，质子交换膜为电解质，氢或净化重整气为燃料，空气或纯氧为氧化剂，带有气体流动通道的石墨或表面改性的金属板为双极板。质子交换膜燃料电池的工作原理如图 4-3 所示。

导入的氢气通过阳极集流板经由阳极气体扩散层到达阳极催化剂层，在阳极催化剂作用下，氢分子分解为带正电的氢离子并释放出带负电的电子，完成阳极反应。阳极发生的电化学反应为

$$H^2 \longrightarrow 2H^+ + 2e^-$$

质子交换膜燃料电池采用的全氟磺酸膜是一种酸性电解质，传导的离子为质子，阳极氢分子分解的质子穿过膜到达阴极催化剂层，电子则由集流板收集，通过外电路到达阴极，电子在外电路形成电流，通过适当连接可向负载输出电能。在电池阴极，氧气通过集流板经由阴极气体扩散层到达阴极催化剂层。在阴极催化剂的作用下，氧与透过膜的氢离子及来自外电路的电子发生反应生成水，完成阴极反应。阴极发生的电化学反应为

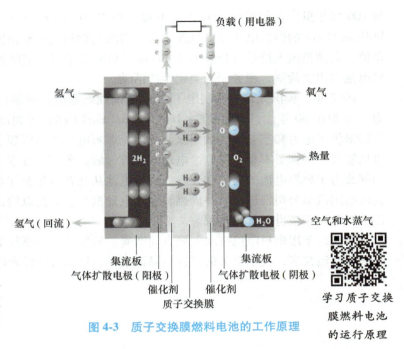

图 4-3　质子交换膜燃料电池的工作原理

学习质子交换膜燃料电池的运行原理

$$\frac{1}{2}O^2 + 2H^+ + 2e^- \longrightarrow H_2O$$

总的电池化学反应为

$$H_2 + \frac{1}{2}O^2 \longrightarrow H_2O$$

电极反应生成的水大部分以水蒸气态移出燃料电池，一小部分在压力差的作用下通过膜向阳极扩散。上述过程是理想的工作过程，实际上，在整个反应过程中会有很多中间步骤和中间产物的存在。

（2）质子交换膜燃料电池的基本结构　如图 4-3 所示，质子交换膜燃料电池主要由质子交换膜、催化剂层、扩散层、集流板组成。

（3）质子交换膜燃料电池的效率　质子交换膜燃料电池的效率指在燃料中转化为电能的那部分能量占燃料中所含能量的比值。质子交换膜燃料电池的效率为 60% 左右。在标准大气压下，室温为 25℃ 时的燃料电池的理想能量转换效率为 83%。但由于电池内阻的存在和电极工作时的极化现象，实际上质子交换膜燃料电池的效率为 50%～70%，这在按电解质分类的 5 种类型燃料电池中并不算高，但已经是普通内燃机的两倍了。由于内燃机是将燃料燃烧产生的热能转变为机械能，其效率受到卡诺循环的限制，再加上热机中运动部件摩擦造成的损失，热机的实际效率在 30% 左右，甚至更低。燃料电池是经过氢氧的电化学反应直接产生电能，不是通过氢气的燃烧产生机械能，因此不受卡诺循环的限制。电堆本身没有运动部件，不仅噪声小，而且没有摩擦损失，效率得到很大提高。

（4）质子交换膜燃料电池的特点

1）质子交换膜燃料电池的优点。

①可低温运行，能实现低温快速起动，适用于车辆。

②比能量和比功率高、效率高。

③结构紧凑、质量小，水易排除。

④可靠性高，使用寿命长。

⑤因唯一的液体为水，所以本质上可避免腐蚀。

质子交换膜燃料电池的最大优势在于它的工作温度，其最佳工作温度是80~90℃，在室温下也可以正常工作，特别适合用作交通车辆的移动电源。正因如此，质子交换膜燃料电池最有希望替代内燃机而成为汽车动力源。

2）质子交换膜燃料电池的缺点。

①需采用贵金属催化剂，电解质膜材料也十分昂贵，所以成本较高。

②需要纯净的氢，对CO敏感，需要将燃气净化去除里面的CO。

③对温度和含水量要求高。

④余热难以有效利用。

2. 磷酸燃料电池

磷酸燃料电池（Phosphoric Acid Fuel Cell，PAFC）是以磷酸为导电电解质的酸性燃料电池，依靠酸性电解液传导氢离子。PAFC是目前使用最多的燃料电池之一，是最早成为商品的燃料电池。

（1）PAFC的工作原理　PAFC的电池片由燃料极、电解质层、空气极构成。燃料极和空气极都是由基材及肋条板催化剂层组成的，是两块涂布有催化剂的多孔碳素板电极。电解质层是用来保持磷酸的，它是经浓磷酸浸泡的碳化硅系电解质保持板。燃料中的氢原子在燃烧极释放电子成为氢离子。氢离子经过电解质层，在空气极与氧离子发生反应生成水，其电极反应与PEMFC一样。将数枚单体电池片进行叠加，为降低发电时内部的热量，每枚电池片中叠加进冷却板，输出功率稳定的基本电池堆就构成了。基本电池堆加上用于上下固定的构件、供气用的集合管等即构成了PAFC的电池堆。

PAFC的工作原理如图4-4所示。PAFC使用液体磷酸为电解质，通常位于碳化硅基质中。当以氢气为燃料、氧气为氧化剂时，在燃料电池内发生电化学反应，其电化学反应与PEMFC一样。

阳极和阴极发生的电化学反应为

$$H_2 \longrightarrow 2H^+ + 2e^-$$

$$\frac{1}{2}O_2 + 2H^+ + 2e^- \longrightarrow H_2O$$

总的电化学反应是

$$H_2 + \frac{1}{2}O^2 \longrightarrow H_2O$$

（2）PAFC的特点　PAFC与其他类型的燃料电池相比，具有以下特点：

1）PAFC与PEMFC不同的是不需要纯氢作燃料，具有构造简单及稳定、电解质挥发度低、廉价、起动时间合理等优点。目前，PAFC能成功地用于固定的应用，已有许多发电能力为0.2~20MW的工作装置被安装在世界各地，为医院、学校和小型电站提供动力。

2）PAFC的工作温度比PEMFC的略高，为150~200℃，工作压力为0.3~0.8MPa，单体电池的电压为0.65~0.75V。较高的工作温度使其对杂质的耐受性较强，当其反应物中含

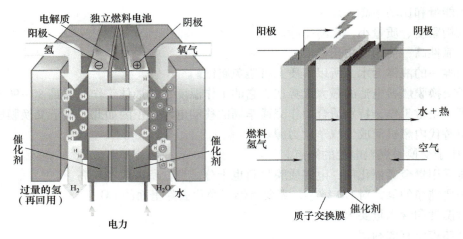

图 4-4　PAFC 的工作原理

有 1%～2% 的 CO 和百万分之几的 S 时，PAFC 可以正常工作。尽管 PAFC 的工作温度较高，但仍需电极上的白金催化剂加速反应。

3）高运行温度（150℃以上）引起与燃料电池堆升温相伴随的能量损耗。每当燃料电池起动时，必须消耗一些能量加热燃料电池直至其温度达到运行温度。反之，每当燃料电池关闭时，相应的一些热量也被损耗。若应用于车辆上，由于在市区内的驾驶通常是短时运行，该损耗是显著的。然而，在公共交通运输情况下，对于公共汽车这一问题是次要的，即 PAFC 可用作公共汽车的动力，这种燃料电池很难用在轿车上。

4）磷酸电解质必须保持在 42℃ 以上。冻结的和再解冻的酸将难以使燃料电池堆激化，而保持燃料电池堆温度在 42℃ 以上需要额外的设备，这就需要增加成本、复杂性、重量和体积。

4.2.2　供氢系统

目前，燃料电池电动汽车大都以纯氢为燃料。车载储氢装置对燃料电池电动汽车的动力性和续驶里程影响很大。常见的车载储氢装置有高压储氢、液态储氢、金属储氢、活性炭吸附储氢和碳纳米管储氢等几种。

1. 高压储氢

车载高压储氢供应系统的基本结构如图 4-5 所示。在给储气瓶组加氢气时，加氢站的压缩氢气由压力表附近的加气口压入，经过客车中部的管路 11、三通、单向阀和管路 7 到达汇流排，由汇流排进入储气瓶组。当燃料电池用氢气时，压缩氢气由储气瓶组经汇流排、电磁阀和三通到达管路 11，管路 11 的氢气再经过压力表和附件气路、客车后部的滤清器和减压器，到达燃料电池。为了安全上的需要，该系统还配备以下保护装置：

（1）高压管路部分　在高压管路部分，设置了过流安全保护装置。若发生意外，在超过设计安全流量时，不需要借助任何外力即可迅速自动切断气路。当故障排除后，只需对电磁阀进行数秒的通电，即可恢复正常运行。

（2）低压管路部分　在低压管路部分，设置了燃料电池系统供气安全保护装置。当燃

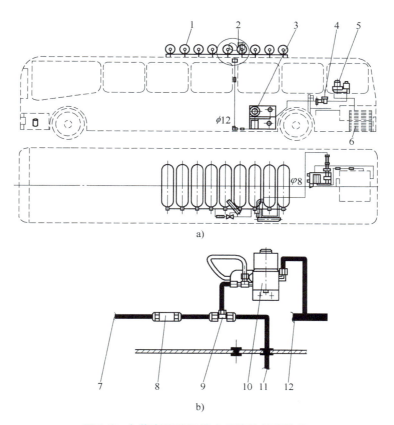

图 4-5　车载高压储氢供应系统的基本结构

a）系统简图　b）结构图

1—储气瓶组　2—车顶控制气路　3—压力表　4—滤清器　5—减压器
6—燃料电池　7、11—管路　8—单向阀　9—三通　10—电磁阀　12—汇流排

料电池系统因某种原因不能正常运转时，其控制信号消失即刻使电磁阀自动关闭，切断燃料电池系统供气气路，从而保证系统的供气安全。

2. 液态储氢

车载液态储氢系统主要由液氢储罐、压力控制装置及管路等组成。对于客车来说，液氢储罐通常为直径 420mm、长 5m 的圆柱体，所以一般需设在车顶上部；对于轿车和轻型车，液氢储罐可设在车座下方和侧后方。

典型的液氢储罐结构示意图如图 4-6 所示。由于氢气和液化温度非常低（通常低于 -253℃），因此，液氢储罐的结构设计主要考虑绝热问题。从图 4-6 可以看出，其外壳由超绝热材料包裹，设有（液氢）进出口、安全排气管，其内部还装有液位计和压力检测控制装置。

为使液氢储罐更好地绝热，还需配备真空压力控制系统。通过该系统可以控制液氢储罐内、外壳之间的真空度，调节真空的绝热程度，从而控制传到内壳的热流，以达到控制氢气输出压力的目的。由于液氢在汽化过程中要吸收大量的热量，因此车载液氢系统中还应包括热交换和压力调节系统，即通过内部电加热和外部热交换来调节液氢储罐的压力。内置电加热器和外设热交换器都可以提供热量，加速液氢的汽化，控制容器内部氢气的压力，以便根据燃料电池的需要提供氢气。由于内置电加热器加热时需要耗费大量的电能，所以使用起来不经济。更好的方法是在容器内放置热盘管，一部分经过分离和加热的氢气被返回，将热量传给液氢储罐内的气态或液态氢，再由外部的换热器的热水加热。这样的循环更容易通过三通阀对罐内的压力变化进行控制。当液氢储罐内压力降低时，被加热的氢气开始在储罐和外回路进行循环。这种方法的主要优点是冷

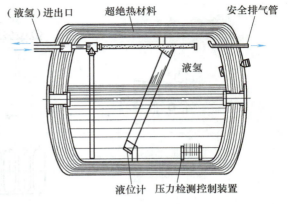

图 4-6　典型的液氢储罐结构示意图

却水中的热量可以被再次利用，并且在液氢管内不需要加装其他部件。

3. 金属储氢

金属储氢指采用金属与氢形成的金属氢化物进行储氢的方法。将金属氢化物加热，则金属氢化物分解脱氢即获得氢气。金属氢化物与高压储氢相比有如下特点：

1）单位质量储氢量不高，储氢材料加上容器后，单位质量的储氢量低于高性能材料的压力容器。

2）单位体积的储氢容量提高，为 0.05kg/L。

3）储氢压力为 1~2MPa，远低于高压容器压力，提高了安全性，对充氢站要求及其充氢能耗要求皆降低。

4）金属氢化物对氢气中的少量杂质如 O_2、CO 等有较高的敏感度，高于燃料电池电极催化剂的敏感度，因而提高了对原料氢的品质要求。

5）金属氢化物存在机械强度、反复充放后的粉碎等方面的问题。目前，金属氢化物可反复充放的次数不多且价格高，所以用金属氢化物储氢的方法在燃料电池电动汽车上运行不经济，费用较高。

6）储存金属氢化物的容器要能够耐高压，还要有足够的换热面积，能够迅速传递吸氢和放氢反应过程中释放或者需要的热量。

4. 活性炭吸附储氢

活性炭低温吸附具有相当好的储氢能力，在−196℃、4.2MPa 时，活性炭的储氢质量百分比约为 5%。但是考虑到−196℃的低温及 4.2MPa 的使用环境，在车辆上极难实现，因此，在燃料电池电动汽车上的应用可能性比较小。

5. 碳纳米管储氢

碳纳米管被认为是一种非常有潜力的高容量储氢材料，但碳纳米管放氢难，放氢速率低，实际应用困难。

4.2.3　燃料电池电动汽车氢气安全控制策略

燃料电池电动汽车氢气供给及安全警报的主要元件有氢气传感器、温度传感器、湿度传感器、压力传感器、氢气瓶温度传感器、氢气瓶电磁阀、总电磁阀、蜂鸣器、系统控制等。

车载氢气安全应从预防和监控两方面着手。车载氢气安全系统实例如图4-7所示。

　　1）气瓶安全阀：当气瓶中氢气压力超过设定值时自动泄压。

　　2）温度传感器：气体的温度信号发送到驾驶室仪表盘上，通过气体温度的变化可以判定外界是否有异常情况发生。

　　3）压力传感器：主要用于判断气瓶中剩余的氢气量，保证车辆的正常行驶。

　　4）气瓶电磁阀：主要起开、关蓄电池作用，与氢气泄漏报警系统联动，一旦泄漏氢气浓度达到保护值即自动关闭，从而达到切断氢气源的目的。

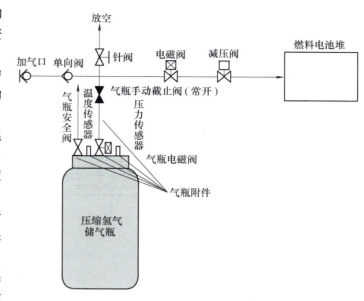

图 4-7　车载氢气安全系统实例

　　5）气瓶手动截止阀：通常处于常开状态，当气瓶电磁阀失效时能手动切断氢源。

　　从监控角度来说，车载氢气系统的安全措施主要是安装氢气泄漏传感器。

4.3　燃料电池电动汽车的结构与工作原理

　　燃料电池电动汽车与普通燃油汽车相比，其不同之处在于动力系统。燃料电池电动汽车动力系统的基本组成部分有燃料电池系统、电子控制系统、辅助蓄能装置及驱动电机。燃料电池电动汽车动力系统的布置如图4-8所示。

4.3.1　直接燃料电池电动汽车

　　典型的直接燃料电池电动汽车动力系统的基本构成如图4-9所示。

1. 燃料电池系统

　　燃料电池系统的核心是燃料电池电堆，此外，还配备了氢气供给系统、氧气供给系统、气体加湿系统、水循环及反应物生成系统等，用以确保燃料电池电堆正常工作。

　　（1）氢气供给系统　氢气供给系统包括氢的储存、管理和回收装置。由于气态氢需要采用高压的方式储存，因此，储氢瓶必须有较高的品质。储氢瓶的容量决定了一次充氢的行驶里程。轿车一般都采用2~4个高压储氢瓶，大型客车上通常采用5~10个高压储氢瓶储存所需的氢气量。

　　液态氢比气态氢需要更高的压力进行储存，而且要保持低温，因此，在使用液态氢时对储氢瓶要求更高，还需要有较复杂的低温保温装置。

　　不同的储氢压力，需要采用相应的减压阀、调压阀、安全阀、压力表、流量表、换热器、传感器及管路等组成氢气供给系统。从燃料电池电堆排出的水中含有少量的氢，可通过

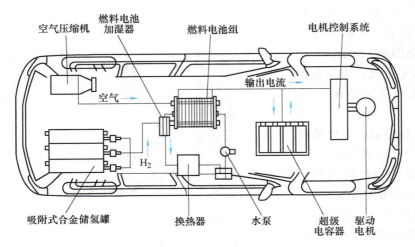

图 4-8　燃料电池电动汽车动力系统的布置

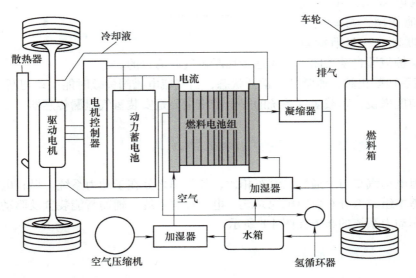

图 4-9　典型的直接燃料电池电动汽车动力系统的基本构成

氢气循环将其回收。

（2）氧气供给系统　氧气供给有纯氧供给和空气供给两种供给方式。当以纯氧的方式供给时，需要氧气罐。当从空气中获得氧气时，需要用压缩机来提高压力，以确保供氧量，增加燃料电池的反应速度。空气供给系统除了需要有体积小、效率高的空气压缩机外，还需配备相应的空气阀、压力表、流量表及管路，并对空气进行加湿处理，以确保空气具有一定的湿度。

（3）水循环系统　在燃料电池反应过程中会产生水和热量，需要通过水循环系统中的凝缩器加以冷凝并进行气水分离处理，部分水可用于反应气体的加湿。水循环系统还用于燃料电池的冷却，以使燃料电池保持在正常的工作温度。

2. 辅助蓄能装置

混合式燃料电池电动汽车配备辅助蓄能装置。辅助蓄能装置可采用动力蓄电池、超级电容器和飞轮蓄电池中的一种，组成双电源的混合动力系统，也可采用动力蓄电池＋超级电容器或动力蓄电池＋飞轮蓄电池中的一种，组成双电源混合动力系统，还可采用动力蓄电池＋超级电容器、动力蓄电池＋飞轮蓄电池的三电源系统。

燃料电池电动汽车配备辅助蓄能装置的作用如下：

1）在燃料电池电动汽车起动时，由辅助蓄能装置提供电能，带动燃料电池起动或带动车辆起步。

2）在燃料电池电动汽车运行过程中，当燃料电池输出的电能大于车辆驱动所需的能量时，辅助蓄能装置可储存燃料电池剩余的电能。

3）在燃料电池电动汽车加速和爬坡时，辅助蓄能装置可协助供电，以弥补燃料电池输出功率的不足，使电动机获得足够的电能，产生满足车辆加速和爬坡所需的电磁转矩。

4）向车辆各种电子设备、电器提供工作所需的电能。

5）在车辆制动时，将驱动电机转换为发电机工作状态，将车辆的动能转化为电能，并向辅助蓄能装置充电，以实现车辆制动时的能量回收。

3. 驱动电机

驱动电机用于将电源提供的电能转换为电磁转矩，并通过传动装置驱动车辆行驶。与纯电动汽车和混合动力电动汽车一样，燃料电池电动汽车用驱动电机可采用有刷直流电机、交流异步电机、交流同步电机、永磁无刷直流电机和开关磁阻电机等。

不同类型的电机具有不同的性能特点，应该结合整车的开发目标，综合考虑各种电机的结构与性能特点以及电机的驱动控制方式及控制器结构特点等，选择适宜的驱动电机。

4. 电子控制系统

直接燃料电池电动汽车的电子控制系统包括燃料电池系统控制器、DC/DC变换器、辅助储能装置能量管理系统、驱动电机驱动控制器及整车协调控制器等控制功能模块，各控制功能模块通过总线连接，如图4-10所示。

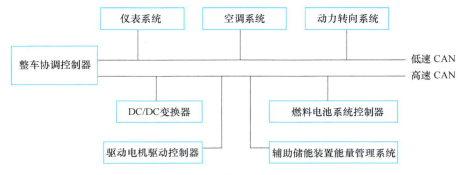

图 4-10 燃料电池电动汽车电子控制系统

（1）燃料电池系统控制器 燃料电池系统控制器用来控制燃料电池的燃料供给与循环系统、氧化剂供给系统、水热管理系统，并协调各系统工作，以使燃料系统能持续向外供电。

（2）DC/DC 变换器　DC/DC 变换器用于改变燃料电池的直流电压，由电子控制器控制。电子控制器的作用是通过调节 DC/DC 变换器的输出电压，将燃料电池堆较低的电压上升至驱动电机所需的电压。DC/DC 变换器的作用不仅仅是升压和稳压，在工作时，通过控制器实时调节，可使其输出电压与动力蓄电池电压相匹配，协调燃料电池和动力蓄电池负荷，起限制燃料电池最大输出电流和最大功率的作用，以避免燃料电池因过载而损坏。

（3）辅助储能装置能量管理系统　辅助储能装置能量管理系统对动力蓄电池的充电、放电、存电状态进行监控，使辅助储能装置能正常起作用，实现车辆的起动、加速、爬坡等工况下的协助供电，并在车辆运行时储存燃料电池富余电能，实现汽车制动时的能量回馈。蓄电池能量管理系统通过对动力蓄电池电压、电流、温度等参数的监测，还可实现动力蓄电池的过充电、过放电控制，进行动力蓄电池荷电状态的估计与显示。

（4）驱动电机驱动控制　电动机的类型不同，其控制系统的电路结构和工作原理也不同。总体上，驱动电机驱动控制器的主要控制功能有：驱动电机的转速与转矩调节、驱动电机的工作模式控制（设有制动能量回馈的电动汽车）、驱动电机过载保护控制等。

（5）整车协调控制器　整车协调控制器基于设定的控制策略对各控制功能模块进行协调控制。一方面，控制器根据加速踏板传感器、制动踏板传感器、档位开关送入的电信号判断驾驶人的驾车意图，并输出控制信号，通过相关的控制功能模块实现车辆行驶工况的控制。另一方面，控制器根据相关传感器和开关输入的电信号，获取车速、驱动电机转速、是否制动、动力蓄电池和燃料电池的电压和电流等信息，通过相应的功能模块实现能量分配调节控制。此外，整车协调控制还包括整车故障自诊断的功能。

4.3.2　重整燃料电池电动汽车

1. 重整燃料电池电动汽车动力系统

重整燃料电池电动汽车与直接燃料电池电动汽车的主要区别在于其使用汽油、天然气、甲醇、甲烷、液化石油气等燃料，在汽车上通过重整器产生氢，再将氢提供给燃料电池电堆。重整燃料电池电动汽车动力系统的基本组成如图 4-11 所示。

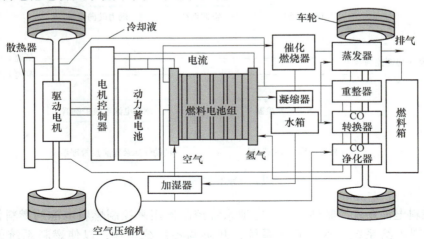

图 4-11　重整燃料电池电动汽车动力系统的基本组成

重整燃料电池系统中的氧气供给及管理系统、反应生成的水和热量处理系统及电力管理系统等与直接燃料电池系统基本相同，只是增加了重整器、加热器、CO 转换与净化器等装置，用以将汽油、天然气、甲醇、甲烷、液化石油气等燃料转化为纯氢。

2. 重整燃料电池氢气产生过程

重整燃料电池电动汽车采用的燃料不同，其制氢过程（重整技术）也会有所不同。

（1）车载醇类制氢过程　醇类燃料（甲醇、乙醇、二甲醚等）的车载制氢过程大体相同，均需重整、变换、一氧化碳脱除等几个步骤。以甲醇为燃料的车载制氢过程如图 4-12 所示。

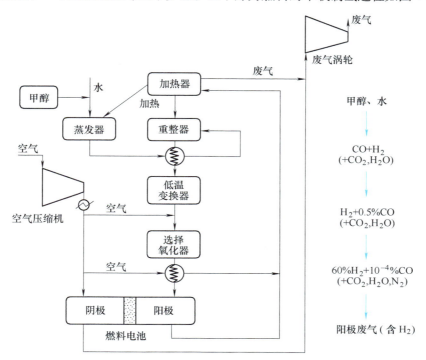

图 4-12　以甲醇为燃料的车载制氢过程
（图中的百分数为体积分数）

储存在普通容器中的甲醇在进入重整器以前，通过加热器加热，使甲醇和纯水的混合物在高温（621℃）下变成混合气，然后进入重整器分离出氢。由于重整器产生的氢气中含有少量的 CO，因此，需要通过转换器中的催化剂将 CO 转换为 CO_2 后排出，使之最终进入燃料电池的 H_2 中，CO 的含量不能超过规定的低限值（0.001%）。

（2）车载烃类制氢过程　烃类燃料（汽油、柴油、LPG 及天然气等）制氢通常包括氧化重整、高温变换、脱硫、低温变换、CO 净化机燃烧等过程。以汽油为燃料的车载制氢过程如图 4-13 所示。

烃类车载制氢需要高温和脱硫，因此，其重整过程比醇类难度大。由于天然气是气体燃料，车载储运较为困难，因而很少用作燃料电池电动汽车的燃料。

3. 重整燃料电池电动汽车的优、缺点

重整燃料电池电动汽车的主要优点是燃料存储方便，只需要普通的容器，不需要加压和冷藏。

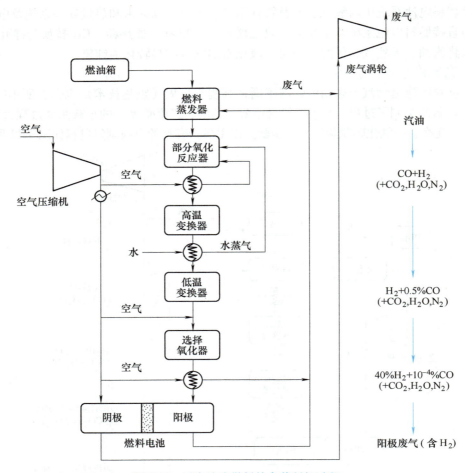

图 4-13　以汽油为燃料的车载制氢过程

其缺点主要有：

1）燃料电池系统起动时间较长，动态响应较慢。对于配备辅助储能装置的重整燃料电池电动汽车来说，辅助储能装置可很好地解决这一问题。

2）重整装置不仅需要复杂的控制过程，而且其体积会减小车辆可利用的空间，其质量会增加更多的能量消耗。

3）当制取的氢气纯度不高时，可能会使催化剂中毒并产生一些污染。

由于存在上述不足，在现已推出的燃料电池电动汽车中采用重整技术的相对较少。

4.4　氢腾 FC-ML80 燃料电池

2020 年 9 月，国家电力投资集团有限公司（简称国家电投）发布氢腾 FC-ML80 车用燃料电池产品和 FCS65 车用燃料电池发动机系统产品，其关键技术和产品材料全部实现自主化，指标达到国际领先水平，顺利步入产业化推广实施阶段。

2022 年北京冬奥会期间，搭载国家电投"氢腾"氢燃料电池的氢能大巴（图 4-14）服务于延庆赛区和北京赛区，以"零事故、零故障、零失误"的稳定表现出色地完成了任务。氢腾氢燃料电池是我国氢燃料电池国产化"突围"的成果示范，实现了材料级自主化，性能达到国际领先水平。

　　燃料电池电堆是氢能汽车的心脏，其性能直接影响车辆的动力性及安全性。国家电投氢能公司自主研发的氢腾 FC-ML80 燃料电池电堆（图 4-15）额定功率为 88kW，体积功率密度为 3.2kW/L，采用抗中毒、低衰减催化剂、高耐腐蚀、低电阻钛基双极板，适应低湿度启动质子膜，高性能、快速响应膜电极；氢腾 FC-ML80 电堆是国内首个采用钛基金属双极板的电堆产品。相较不锈钢，钛的耐腐蚀性更强，质量较小，但是，钛在高温下的活性较强，延展性弱于不锈钢。为此，国家电投氢能公司技术团队经历了 3 年多的研发，最终攻克钛基金属材料在双极板的应用。

图 4-14　国家电投"氢腾"氢燃料电池的氢能大巴

图 4-15　FC-ML80 燃料电池电堆

　　质子交换膜是氢燃料电池的核心部件，其作用是传输质子、阻挡电子和氢气交换，国家电投氢能公司采用树脂分散及浸润技术，研发出高电导率、高耐久性、低溶胀的质子交换膜，目前在大功率燃料电池电堆中应用。

　　双极板在电堆中起的是"骨架"作用，在燃料电池中支撑膜电极、为燃料气体及冷却液提供通道，其性能要求为启动快、强度高、抗腐蚀能力强、制作工艺简单。国家电投氢能公司通过开展钛材冶炼试验，在冲压用钛箔材、薄板压延、焊接及表面镀膜等方面攻克多项难题，成为全球第二个掌握钛双极板全套生产工艺的公司。

　　氢腾 FCS65 发动机系统采用了氢腾 FC-ML80 燃料电池电堆，额定功率为 67kW，质量功率密度为 350W/kg，可实现 -30℃ 低温起动。总体来看，氢腾 FCS65 发动机系统各项参数处于国内外领先水平，尤其是质子膜、催化剂和双极板等关键零部件、原材料实现自主化研发并高度国产化。国家电投氢能公司是国内为数不多、真正意义上实现零部件、原材料全自主化正向研发的燃料电池厂商。

　　国家电投氢能公司联合宇通客车开发了 11m 高级旅游车，搭载了 FCS65 燃料电池发动机（图 4-16）。该车型加满氢只需要 10min，续驶里程能够达到 630km，能够满足绝大多数城市客运交通长久需求，而且绿色环保，具有广阔的市场前景。

　　氢腾燃料电池的科技攻坚之路是国家电投发力全产业链自主创新、打破国外技术垄断的一个缩影。近年来，从全产业链布局的战略高度出发，国家电投从能源线和产品线两方面统筹氢能业务发展。在能源线方面，协同推进可再生能源发电与制氢、加氢站建设及氢能综合利用；在产品线方面，布局可适用于风光制氢的质子交换膜制氢装置，加大燃料电池关键核心研发与产业化等，覆盖了从科技研发、产品到市场转化的完整产业链。

图 4-16　FCS65 燃料电池发动机

由于氢能产业链长并且环节众多，氢能源的利用要从氢的制备开始，经过制备氢、储存氢、运输氢到分配氢、使用氢，"制、储、运、用"每个环节的科技含量都很高，而其中最核心的环节是氢气的制取。目前，世界主流的制氢方式存在 3 种技术路线，即石油、天然气、煤炭等化石能源重整制氢，工业副产品提纯制氢以及电解水制氢。其中，质子交换膜电解水制氢具有能量密度高、电解效率高、气体纯度高等优势，但技术难度也最高。

动力蓄电池及蓄电池管理系统

学习目标

1. 知识目标

1）了解铅酸蓄电池与镍氢蓄电池的基本结构与工作原理。

2）掌握锂离子蓄电池的结构、分类与工作原理。

3）了解蓄电池管理系统的基本结构、工作原理及主要功能。

4）了解直流充电和交流充电的工作原理。

2. 能力目标

1）能够叙述锂离子蓄电池的结构与分类。

2）能够介绍磷酸铁锂蓄电池与三元锂蓄电池的特点。

3）能够分析均衡控制的原理。

3. 素养目标

1）培养学生安全意识、规范意识与责任意识。

2）培养学生爱党爱国及其民族自豪感。

3）培养学生的创新意识。

5.1　概述

动力蓄电池是电动汽车的主要能量来源，其技术历经了多次材料体系的变迁。每一次动力蓄电池材料体系的变化都会带来电动车辆的一次发展高潮。最早的铅酸蓄电池技术发展带来了 20 世纪初第一次电动汽车的研发和应用高潮，20 世纪 80 年代镍氢蓄电池技术突破带来了混合动力电动汽车的产业化，20 世纪 90 年代出现的锂离子蓄电池带来了现在以纯电驱动为主的电动汽车研发和示范应用新纪元。

5.1.1　动力蓄电池的定义

GB/T 19596—2017 规定，动力蓄电池指为电动汽车动力系统提供能量的蓄电池。

5.1.2　动力蓄电池的分类

当前工业中广泛应用的蓄电池有铅酸蓄电池、镍金属蓄电池、锂离子蓄电池等，正处于开发研究阶段的有超级电容器，以及具有发展远景的燃料电池和太阳电池。电动汽车用蓄电池的主要性能指标是比能量、能量密度、比功率、循环寿命和成本等。要使电动汽车能和燃油汽车相竞争，关键是要开发出比能量高、比功率大、使用寿命长的高效蓄电池。表 5-1 中是常见蓄电池主要技术参数。

表 5-1　常见蓄电池主要技术参数

项目	铅酸蓄电池	镉镍蓄电池	氢镍蓄电池	锂离子蓄电池
工作电压/V	2	1.2	1.2	3.2~3.6
质量比能量/(W·h/kg)	35~45	45~60	65~80	110~160
体积比能量/(W·h/L)	75	155	200	280
循环寿命/次	800	800	1000	2500
自放电率（%）/月	5	20	30	5
记忆效应	无	有	无	无

在常见蓄电池中，铅酸蓄电池（图 5-1a）具有工艺成熟、过放电性能良好、安全性好、价格低廉的优势，目前广泛应用于电动自行车、电动摩托车、电动船只、低速纯电动汽车。但是，由于铅酸蓄电池比能量和比功率较低，不能满足纯电动汽车长续驶里程的需求，在纯电动汽车上未能广泛应用。镉镍蓄电池具备充放电倍率好的优点，但是镉镍蓄电池具有记忆效应、镉金属污染环境，现在已经不在电动汽车上应用。氢镍蓄电池（图 5-1b）有充放电倍率大、环境污染小、无记忆效应等优点，但是氢镍蓄电池电压较低，为了满足纯电动汽车动力性和续驶里程的需求，需将大量单体蓄电池串、并联，使得蓄电池模块一致性变差，蓄电池管理系统复杂。锂离子蓄电池具有电压高、比能量大、充放电效率高、循环寿命长等优点。锂离子蓄电池的能量密度是镉镍蓄电池的 3 倍，单体蓄电池电压为镍氢蓄电池的 3 倍，因此能减少蓄电池模块中串、并联单体的数量，使得蓄电池模块故障概率降低，使用寿命延长。近年来，锂离子蓄电池以其良好的性能得到了广泛应用，性能上也取得较大的提高，是目前在纯电动汽车上应用最为广泛的动力蓄电池。常见锂离子蓄电池如图 5-2 所示。

 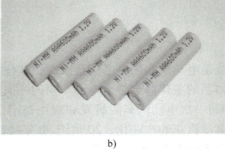

学习动力蓄电池基础知识

a）　　　　　　　　　b）

图 5-1　铅酸蓄电池与氢镍蓄电池
a）铅酸蓄电池　b）氢镍蓄电池

5.1.3　动力蓄电池术语

单体蓄电池：将化学能和电能进行相互转换的基本单元装置，也称为电芯。单体额定电

圆柱形
硬包

板状软包

方形硬包

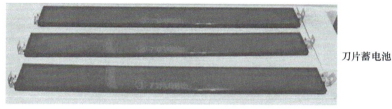

刀片蓄电池

图 5-2　常见锂离子蓄电池

压也称标称电压，不同蓄电池类型规定不同的电压。

蓄电池模块：将 1 个以上单体蓄电池按照串联、并联或串并联组合，并作为电源使用的组合体，也称为蓄电池组。

蓄电池包：通常包括蓄电池组、蓄电池管理系统、蓄电池箱及相应附件（冷却部件、连接线缆等），具有从外部获得电能并可对外输出电能的单元。

蓄电池系统：一个或一个以上蓄电池包及相应附件（管理系统、高压电路、低压电路、热管理设备及机械总成等）构成的能量存储装置。

5.2　铅酸蓄电池

铅酸蓄电池分为四大类：起动用铅酸蓄电池、动力用铅酸蓄电池、固定型阀控密封式铅酸蓄电池和其他类蓄电池（包括小型阀控密封式铅酸蓄电池，矿灯用铅酸蓄电池等）。

一个单体铅酸蓄电池的标称电压是 2.0V，能放电到 1.5V，能充电到 2.4V。在应用中，经常用 6 个单体铅酸电池串联起来组成标称是 12V 的铅酸蓄电池，还有 24V、36V、48V 等。

5.2.1　铅酸蓄电池的基本结构

铅酸蓄电池都是由正极板、负极板、隔板、电解液、外壳、极柱和排气阀等主要部件构成的，如图 5-3 所示。每个单体蓄电池的标称电压为 2V，故一个 6V 或 12V 起动型铅酸蓄电池一般由 3 个或 6 个单体蓄电池串联构成。由若干单体蓄电池串联组成蓄电池总成，可以满足汽车用电设备的需要。

1. 极板组

极板组是蓄电池的核心部分，它的作用是接收充入的电能和释放向外的电能，如图 5-4

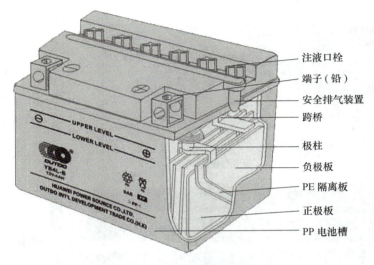

注液口栓
端子（铅）
安全排气装置
跨桥
极柱
负极板
PE 隔离板
正极板
PP 电池槽

学习铅酸
蓄电池

图 5-3　铅酸蓄电池的基本结构

所示。极板分正极板和负极板两种。蓄电池的充、放电过程是靠极板上的活性物质与电解液的电化学反应来实现的。极板由栅架和活性物质组成，如图 5-5 所示。

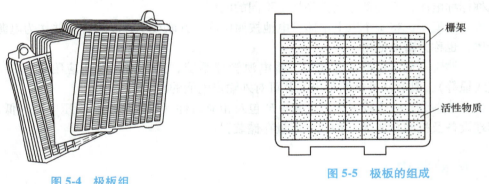

栅架

活性物质

图 5-4　极板组

图 5-5　极板的组成

栅架的作用是容纳活性物质并使极板形成，活性物质是进行电化学反应的主要成分。经过化成处理（正、负极板上的活性物质的转化过程称为化成处理）后，正极板上的活性物质多为孔性的二氧化铅（PbO_2），呈红棕色。负极板上的活性物质为海绵状纯铅（Pb），呈灰青色。

2. 隔板

隔板的作用是将浸在硫酸溶液中的正、负极板隔开。为减小蓄电池的体积，使正、负极板尽可能地靠近，且确保正、负极板之间有必要的绝缘层，隔板需由带微孔的橡胶、塑料、玻璃、纤维等绝缘材料制成。它除了在正、负极板间起绝缘作用外，还要使电解液中正、负离子顺利通过，阻缓正、负极板活性物质的脱落，防止正极板因振动而损伤。

近年来，有些厂家把隔板做成信封式套在正极板上，可以有效地防止活性物质脱落，如图 5-6 所示。

3. 电解液

电解液又称电解质，俗称电水。它的作用是形成电离，促使极板活性物质电离产生电化学反应。电解液是用专业的蓄电池用硫酸与铅酸蓄电池用蒸馏水按一定的比例配置而成的。一般汽车用的铅酸蓄电池采用的电解液是密度为（1.280±0.010）g/cm^3（25℃）的稀硫酸。

配制电解液时，必须使用耐酸耐热的器皿，因硫酸的比热比水的比热小得多，受热时温升很快，易产生气泡，造成飞溅现象，所以配制电解液时切记只能将硫酸徐徐倒入蒸馏水中，并不断搅拌。

电解液的相对密度对蓄电池的性能和使用寿命影响很大，为了提高蓄电池的容量和降低电解液冰点，需要电解液密度大些。但是密度过大会导致黏度增加，反而会降低蓄电池的容量。所以电解液必须符合标准相对密度。

图5-6 隔板

一般温度每变化1℃，相对密度变化值为0.0007。电解液温度升高，相对密度减小，温度下降，相对密度增大。因此，温度是确定电解液相对密度值的前提。世界各国规定了电解液的标准温度，我国规定为15℃，日本规定为20℃，欧美国家规定为25℃和30℃。

5.2.2 铅酸蓄电池的工作原理

铅酸蓄电池的电化学反应原理：充电时，将电能转化为化学能在蓄电池内储存起来；放电时，将化学能转化为电能供给外系统。

蓄电池中发生的化学反应是可逆的。铅酸蓄电池正极板上的活性物质是二氧化铅（PbO_2），负极板上是海绵状的纯铅（Pb），电解液是硫酸水溶液（H_2SO_4）。根据双硫化理论，接通用电设备时，蓄电池可以放出电流，而放电后以相反的方向通过电流，可以使极板上的活性物质恢复到原来的状态。在正常、合理的使用条件下，蓄电池能反复进行充、放电循环，发挥供电和储电的特殊功能。国产铅酸蓄电池一般的充放电循环期为250~500次。

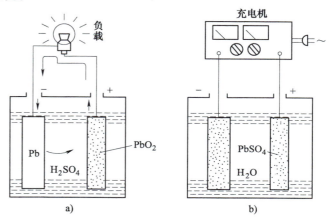

图5-7 铅酸蓄电池充、放电工作过程

a）放电 b）充电

铅酸蓄电池充、放电工作过程如图5-7所示。

$$PbO_2 + 2H_2SO_4 + Pb \underset{充电}{\overset{放电}{\rightleftharpoons}} PbSO_4 + 2H_2O + PbSO_4$$

（正极板）　（电解液）　（负极板）　　（正极板）　（电解液）　（负极板）

5.2.3 铅酸蓄电池的应用

铅酸蓄电池原材料来源丰富、价格低廉且性能优良，是目前工业、通信、交通、电力系统使用最为广泛的蓄电池。其目前主要应用领域有：

1）汽车和摩托车行业。主要为发动机的起动点火和车载电子设备的使用提供电能等。

2）工业电力系统。用于输变电站、为动力机组提供合闸电流，为公共设施提供备用电源以及通信用电源。

3）电动自行车行业。作为电动自行车的行驶动力电源。

铅酸蓄电池相对锂离子蓄电池，能量密度低、循环寿命短、质量大，过充、过放性能差，目前不作为电动汽车的动力蓄电池。

学习氢镍
蓄电池

5.3　氢镍蓄电池

5.3.1　氢镍蓄电池概述

氢镍蓄电池是20世纪90年代发展起来的一种新型绿色电池，因具有能量高、使用寿命长、无污染等特点而成为世界各国竞相发展的高科技产品之一。

氢镍蓄电池与镉镍蓄电池有许多相同的特性，但由于无镉，所以不存在金属污染问题，被称为"绿色电池"。

氢镍蓄电池的电量储备比镉镍蓄电池多30%，比镉镍蓄电池重量轻、使用寿命长，并且对环境无污染，氢镍蓄电池的缺点是价格比镉镍蓄电池贵许多，性能比锂离子蓄电池差。

氢镍蓄电池主要由电极材料、电解液、金属材料及隔膜组成，正、负极及电解液材料的差异使蓄电池有不同的性能，其中正极材料决定了蓄电池的容量，负极材料决定了大电流或高温工作时，蓄电池充、放电的稳定性。其负电极为经吸氢处理后的贮氢合金，正电极为氢氧化镍，电解液为碱性电解液。

目前，氢镍蓄电池产品主要有圆柱形、扣式和方形3类。不论哪种结构的蓄电池，均由外壳、正极片、负极片以及正极极耳（导电带）、密封圈、放气阀帽（正极）、隔膜等组成。

5.3.2　氢镍蓄电池的工作原理

氢镍蓄电池是一种碱性电池。氢镍蓄电池和同体积的镉镍蓄电池相比，容量增大了一倍，充放电循环寿命也较长，并且无记忆效应。氢镍蓄电池正极板的活性物质为 NiOOH（放电时）和 Ni(OH)$_2$（充电时），负极板的活性物质为 H$_2$（放电时）和 H$_2$O（充电时），电解液采用30%的氢氧化钾溶液，如图5-8所示，充、放电时负极反应为

$$M+H_2O+e^- \longrightarrow MH_x+OH^-$$

正极反应为

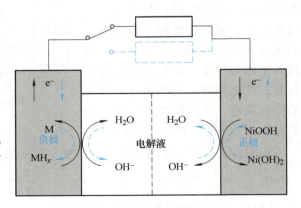

图5-8　氢镍蓄电池的反应原理

$$Ni(OH)_2+OH^- \longrightarrow NiOOH+H_2O+e^-$$

总反应为

$$M+Ni(OH)_2 \longrightarrow MH_x+NiOOH$$

氢镍蓄电池的电解液多采用 KOH 水溶液，并加入少量的 LiOH。隔膜采用多孔维尼纶无纺布或尼龙无纺布等。为了防止充电过程后期蓄电池内压过高，蓄电池中装有防爆装置。当氢镍蓄电池过充电时，金属壳内的气体压力将逐渐上升。当该压力达到一定数值后，顶盖上的限压安全排气孔打开，可以避免蓄电池因气体过大而爆炸。

5.3.3 氢镍蓄电池的特点

1. 氢镍蓄电池的优点

1）功率性能好。氢镍蓄电池内部使用了大量的金属材料，导电性能良好，可以适应大功率放电，目前比功率达到 1500W/kg 以上。

2）低温性能好。采用无机电解液体系，低温性能相对比锂系列蓄电池好。

3）循环寿命长。

4）无污染。

5）耐过充、过放。

6）应用比较成熟。如丰田的普锐斯混合动力电动汽车第 1~3 代均使用了氢镍蓄电池。

7）管理系统相对简单。氢镍蓄电池耐过充电和过放电能力比较强，不必监测每个单体蓄电池的电压。氢镍蓄电池在充电过程中可以通过和消耗气体（氧气）的副反应来实现自均衡，不必采用特别的均衡电路。

8）具有较高的回收价值。

2. 氢镍蓄电池的缺点

1）蓄电池的热效应。氢镍蓄电池在电动汽车应用中遇到的主要问题为热问题。主要原因有两个：一是氢镍蓄电池本身的充电反应是一个放热反应，充电过程中产生的热量达到 949J/（A·h）；二是充电效率低，氢镍蓄电池即使在空态下，充电效率也达不到 100%，充电量超过 80% 后，副反应速度很快增加，产热速度迅速上升，严重时会带来热失控问题。充电电流越大，充电效率越低，产生的热量越多。

2）蓄电池比能量较低。其比能量一般为 50~70W·h/kg，虽然是铅酸蓄电池的 2~3 倍，但与锂系列蓄电池相比较，相差较大。

3）标称电压低。标称电压为 1.2V，若用来组合成数百伏的车用动力电源系统，就需要更多的蓄电池串联，对氢镍蓄电池的一致性、可靠性要求更高。

4）高温充电性能差。高温下充电效率降低，反应效率的降低推动氢镍蓄电池温度的进一步升高，最终可能会出现热失控而出现安全问题。

5）自放电大。在常用的铅酸、氢镍、锂系列动力蓄电池中，氢镍蓄电池的自放电是比较大的。一般充满电在常温下搁置 28 天时自放电达到 10%~30%。

6）材料成本高。氢镍蓄电池中使用了大量较贵重的金属如镍、钴等，原材料成本比较高。

5.4 锂离子蓄电池

锂离子蓄电池是 1990 年由日本索尼公司首先推向市场的新型高能蓄电池。锂离子蓄电池相比其他蓄电池具有工作电压高、比能量高、循环寿命长、自放电小、无记忆效应、工作温度范围宽、绿色无污染等优点。锂离子蓄电池是目前新能源汽车蓄电池的主流蓄电池。

5.4.1 锂离子蓄电池的结构

锂离子蓄电池一般使用锂合金金属氧化物为正极材料、石墨为负极材料，使用非水电解质。锂离子蓄电池根据正极材料的不同，分为磷酸铁锂蓄电池、锰酸锂蓄电池、钴酸锂蓄电池以及三元锂蓄电池等。三元锂蓄电池以其能量密度高、安全性好等优点在电动汽车上得到了广泛应用。

锂离子蓄电池由正极材料、负极材料、隔膜、电解液和导电材料等组成，如图5-9所示。其中正、负极材料的选择和质量直接决定锂离子蓄电池的性能与价格。负极材料一般选用碳材料，目前已比较成熟；正极材料的开发已经成为制约锂离子蓄电池性能提高、价格降低的重要因素。

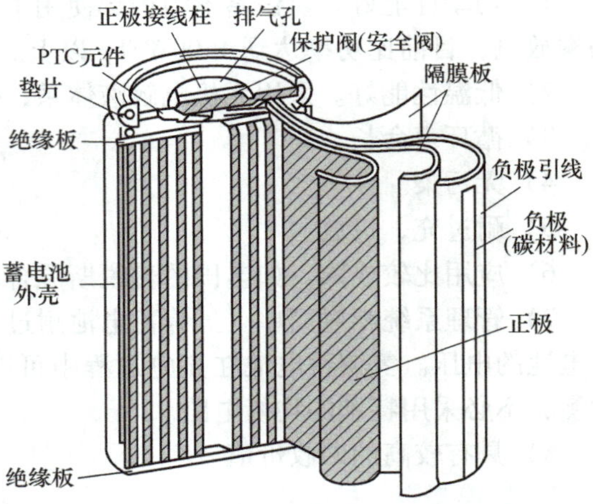

图 5-9 锂离子蓄电池的结构

1. 正极材料

锂离子蓄电池正极材料一般都是锂的氧化物，应用比较多的有钴酸锂、镍酸锂、锰酸锂、磷酸铁锂等。

2. 负极材料

活性物质为石墨或近似石墨结构的碳，导电集流体使用厚度为$7\sim15\mu m$的电解铜箔。

3. 隔膜

隔膜的主要作用是使蓄电池的正、负极分隔开来，防止两极接触而短路，还具有能使电解质离子通过的功能。锂离子蓄电池隔膜具有大量曲折贯通的微孔，能够保证电解质离子自由通过形成充、放电回路；而在蓄电池过度充电或者温度升高时，隔膜通过闭孔功能将蓄电池的正极和负极分开以防止其直接接触而短路，达到阻隔电流传导，防止蓄电池过热甚至爆炸的作用。

学习锂离子
蓄电池

4. 电解液

电解液在锂离子蓄电池正、负极之间起到传导电子的作用，是锂离子蓄电池获得高电压、高比能等优点的保证。电解液一般由高纯度的有机溶剂、电解质锂盐、必要的添加剂等原料，在一定条件下、按一定比例配制而成。

锂离子蓄电池主要使用的电解质有高氯酸锂、六氟磷酸锂等。用高氯酸锂制成的蓄电池低温效果不好，有爆炸的危险，在日本和美国已被禁止使用。用含氟锂盐制成的蓄电池性能好、无爆炸危险、适用性强，特别是用六氟磷酸锂制成的蓄电池，除具有上述优点外，其废弃处理工作相对简单。

5. 蓄电池外壳

蓄电池外壳材料分为钢壳（方形很少使用）、铝壳、镀镍铁壳（圆柱形电池使用）、铝塑膜（软包装）等，蓄电池的盖帽可作为蓄电池的正、负极引出端。

5.4.2　锂离子蓄电池的分类

1）根据蓄电池所用电解质的状态不同，可分为液体锂离子蓄电池、聚合物锂离子蓄电池和全固态锂离子蓄电池。

2）根据蓄电池的外形，一般可分为方形电池、圆柱形电池和软包电池。聚合物锂离子蓄电池除制成圆柱形和方形外，还可根据需要制成任意形状。

3）按蓄电池的正极材料，可分为磷酸铁锂蓄电池、锰酸锂蓄电池、钴酸锂蓄电池和三元锂蓄电池。在电动汽车上常见的有磷酸铁锂蓄电池和三元锂蓄电池，其中三元锂蓄电池分为镍（Ni）钴（Co）锰（Mn）和镍（Ni）钴（Co）铝（Al）两种，分别记为 NCM 和 NCA 三元锂蓄电池。

5.4.3　锂离子蓄电池的工作原理

不同正极材料的锂离子蓄电池在能量密度、温度特性、循环寿命方面都有较大差异，但是其基本结构和工作原理都比较相似。锂离子蓄电池的工作原理如图 5-10 所示。锂离子蓄电池的结构主要包括正极、负极、隔膜和集流体，电解液主要存在于正、负电极和隔膜之间。正、负电极由电极材料、粘结剂等构成。

蓄电池的充放电过程主要是 Li^+ 在两电极之间进行嵌入和脱出的过程。由于锂离子蓄电池在正、负极中有相对固定的空间和位置，因此，锂离子蓄电池充、放电反应的可逆性很好。

（1）磷酸铁锂蓄电池　磷酸铁锂（$LiFePO_4$）蓄电池采用磷酸铁锂作为正极材料，采用石墨为负极材料，正、负极之间有允许电子自由通过而不允许金属离子通过的隔膜材料，主要采用的是 PP（polypropylene，聚丙烯）/PE（polyethylene，聚乙烯）/PP 多层复合微孔膜，电解液一般采用六氟磷酸锂为主要材料的混合溶剂。磷酸铁锂蓄电池充、放电正极的电化学反应方程如下。

充电过程为

$$LiFePO_4 - xLi^+ - xe^- \longrightarrow xFePO_4 + (1 - x)LiFePO_4$$

放电过程为

$$FePO_4 + xLi^+ + xe^- \longrightarrow xLiFePO_4 + (1 - x)FePO_4$$

（2）三元锂蓄电池　三元锂蓄电池采用三元复合材料作为正极材料，目前较为常用的两种正极材料是 NCA（$LiNi_xCo_yAl_{1-x-y}O_2$，镍钴铝酸锂）和 NCM（$LiNi_xCo_yMn_{1-x-y}O_2$，镍钴锰酸锂），采用碳硅复合材料作为负极材料，隔膜材料与磷酸铁锂蓄电池的隔膜材料相同，只是隔膜的通过孔径大小不完全一致，其电解液材料也与磷酸铁锂蓄电池差距不大，随蓄电池型号和大小不同而存在差异。某型号 NCM 三元锂蓄电池在充、放电过程中的正、负极反应式如下。

正极反应为

$$LiNi_xCo_yMn_{1-x-y}O_2 \longleftrightarrow Li_{1-x}Ni_xCo_yMn_{1-x-y}O_2 + xLi^+ + xe^-$$

负极反应为

$$6C + xLi^+ + xe^- \longleftrightarrow Li_xC_6$$

总反应式为

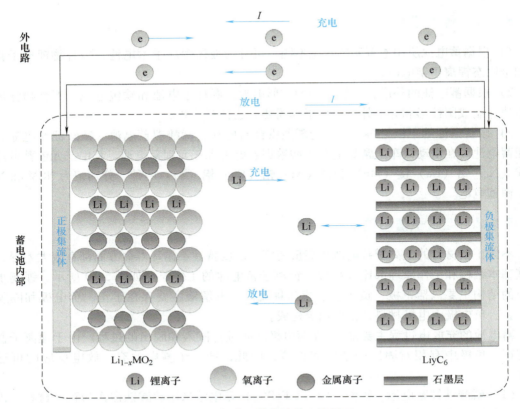

图 5-10 锂离子蓄电池的工作原理

$$LiNi_xCo_yMn_{1-x-y}O_2 + 6C \longleftrightarrow Li_xC_6 + Li_{1-x}Ni_xCo_yMn_{1-x-y}O_2$$

5.4.4 锂离子蓄电池的特点

（1）磷酸铁锂蓄电池　磷酸铁锂蓄电池作为动力蓄电池具有良好的高温性能和安全性，在蓄电池放电过程中，蓄电池内部温度可比外部温度高出 30℃，此时蓄电池结构依旧完好，而且蓄电池内、外部结构遭到损坏均不会发生燃烧、爆炸；循环寿命长，经过 2000 次以 0.5C 倍率充电、1C 倍率放电的充、放电循环之后，其蓄电池容量仍能达到 93%；无记忆性，相比于氢镍蓄电池、镉镍蓄电池，无论蓄电池处于何种状态下，都可以进行充电操作，而容量不会低于额定容量值。但磷酸铁锂蓄电池的能量密度相对较低，在相同质量下，其续驶里程低于三元锂蓄电池。某磷酸铁锂蓄电池的性能指标见表 5-2。

表 5-2　某磷酸铁锂蓄电池的性能指标

性能指标参数	性能指标参数值
比能量/（W·h/kg）	130
单体蓄电池电压/V	3.3
循环寿命/次	1200

（2）三元锂蓄电池　三元锂蓄电池为目前广泛应用于电动乘用车的动力蓄电池，主要

原因是其能量密度高，相同质量下三元锂蓄电池的能量密度是磷酸铁锂蓄电池的 1.7~2.2 倍；低温性能良好，在低温条件下，三元锂蓄电池容量和能量保持率均优于磷酸铁锂蓄电池，在−30℃时以 0.5C 倍率放电，其放电电压为 25℃时以 0.5C 倍率放电电压的 93.2%，下降幅度比较低。但三元锂蓄电池的安全性能相对较差，三元材料在 200℃时就会发生分解，由于内部的化学反应在高温下会更为剧烈，且在过程中会产生氧分子，引起电解液剧烈燃烧。某 NCM 三元锂蓄电池的性能参数见表 5-3。

表 5-3　某 NCM 三元锂蓄电池的性能参数

性能指标参数	性能指标参数值
比能量/（W·h/kg）	180
单体蓄电池电压/V	3.6
循环寿命/次	2000

5.5　蓄电池管理系统

图 5-11　蓄电池管理系统

蓄电池管理系统（Battery Management System，BMS）如图 5-11 所示。蓄电池管理系统用来对动力蓄电池进行安全监控及有效管理，提高动力蓄电池的使用效率。对于电动汽车而言，通过该系统对动力蓄电池充、放电的有效控制，可以达到增加续驶里程、延长使用寿命、降低运行成本的目的，并保证动力蓄电池应用的安全性和可靠性。蓄电池管理系统已经成为电动汽车必不可少的核心部件之一。

5.5.1　蓄电池管理系统的基本结构和原理

现阶段蓄电池管理系统除完成数据测量和蓄电池状态估算外，还通过数据总线直接参与车辆状态的控制。图 5-12 所示为主从式蓄电池管理系统的拓扑结构。

蓄电池管理系统的工作原理可归纳为数据采集蓄电池状态信息（电压、电流、温度等）数据后，通过 CAN 总线将数据传送给电控单元进行数据处理和分析，然后蓄电池管理系统根据分析结果对系统内的相关功能模块

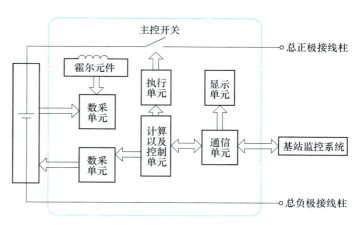

图 5-12　主从式蓄电池管理系统的拓扑结构

发出控制指令（如控制风机开关等），并向外界传递参数信息，同时蓄电池管理系统通过 CAN 总线与组合仪表及充电机等进行通信，实现参数显示、充电监控等功能。

5.5.2 蓄电池管理系统的主要功能

蓄电池管理系统的功能主要包括数据采集、状态估计、能量管理、安全管理、热管理、均衡控制、数据通信等，如图5-13所示。

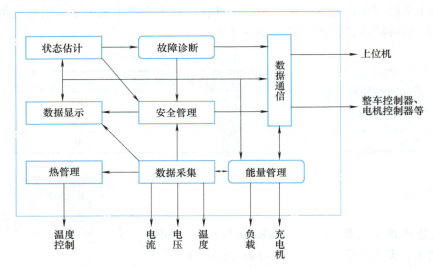

图5-13 蓄电池管理系统的功能示意图

1. 数据采集

蓄电池管理系统的所有算法都是以采集的动力蓄电池数据作为输入，采样速率、精度和前置滤波特性是影响蓄电池系统性能的重要指标，如图5-14所示。电动汽车蓄电池管理系统的采样速率一般要求大于200Hz（500ms）。

图5-14 蓄电池管理系统的数据采集

学习SOC
估计方法

2. 状态估计

状态估计包括动力蓄电池荷电状态（State of Charge，SOC）和动力蓄电池健康状态（State of Health，SOH）两方面。SOC用来提示动力蓄电池剩余电量，是计算和估计电动汽车续驶里程的基础，如图5-15所示。SOH用来提示动力蓄电池技术状态，预计可用使用寿命等健康状态的参数。

3. 能量管理

能量管理主要包括两部分：以电流、电压、温度、SOC和SOH为输入进行充电过程控制，以SOC、SOH和温度等参数为条件进行放电功率控制，如图5-16所示。

4. 安全管理

蓄电池管理系统监视蓄电池电压、电流、温度是否超过正常范围，防止动力蓄电池过充、过放。在对动力蓄电池进行整组监控的同时，多数蓄电池管理系统已经发展到对单体蓄电池进行过充电、过放电、过热等安全状态管理。

5. 热管理

在动力蓄电池工作温度超高时进行冷却，低于适宜工作温度下限时进行动力蓄电池加热，使动力蓄电池处于适宜的工作温度范围内，并在动力蓄电池工作中保持单体蓄电池间温度均衡。对于大功率放电和高温条件下使用的动力蓄电池，其热管理尤为必要，如图 5-17 所示。

6. 均衡控制

蓄电池的一致性差异导致蓄电池组的工作状态是由最差单体蓄电池决定的。在蓄电池组各个蓄电池之间设

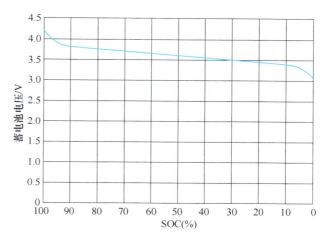

图 5-15　单体蓄电池的荷电状态

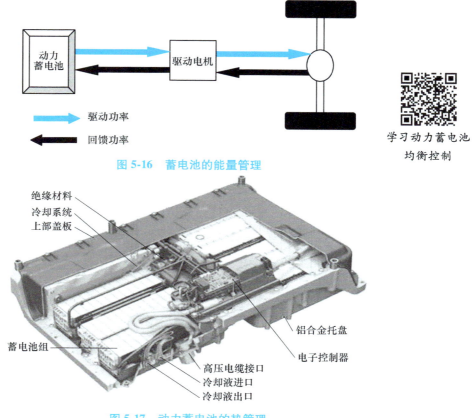

驱动功率
回馈功率

图 5-16　蓄电池的能量管理

学习动力蓄电池
均衡控制

绝缘材料
冷却系统
上部盖板

铝合金托盘
电子控制器

蓄电池组

高压电缆接口
冷却液进口
冷却液出口

图 5-17　动力蓄电池的热管理

置均衡电路、实施均衡控制是为了使各个单体蓄电池充、放电的工作情况尽量一致，提高整体蓄电池组的工作性能，如图 5-18 所示。

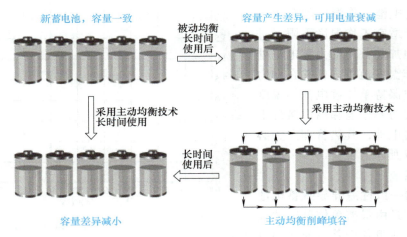

新蓄电池，容量一致　　　　被动均衡长时间使用后　　　容量产生差异，可用电量衰减

采用主动均衡技术长时间使用　　　　　　　　　采用主动均衡技术

容量差异减小　　长时间使用后　　主动均衡削峰填谷

图 5-18　蓄电池容量均衡管理

7. 数据通信

通过蓄电池管理系统实现蓄电池参数和信息与车载设备或非车载设备的通信，为充、放电控制和整车控制提供数据依据是蓄电池管理系统的重要功能之一。根据应用需要，数据交换可采用不同的通信接口，如模拟信号、PWM 信号、CAN 总线或串行接口，如图 5-19 所示。

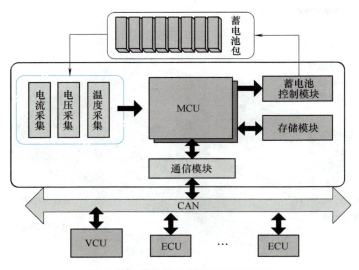

图 5-19　蓄电池的数据通信示意图

8. 人机接口

根据设计的需要设置显示信息以及控制按键、旋钮等。

人机交互流程图如图 5-20 所示。

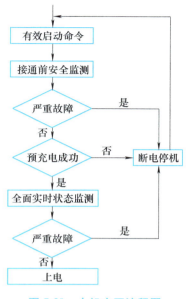

图 5-20　人机交互流程图

5.6　充电系统

5.6.1　充电方法

1. 恒压充电

在充电过程中，充电电压始终保持不变，称为恒定电压充电，简称恒压充电或等压充电。电信装置、不间断电源（UPS）等的蓄电池的浮充电和涓流充电都采用恒压充电。起动用蓄电池在车辆运行时也处于近似的恒压充电的情况。该方法的优点是随着蓄电池的荷电状态的变化，自动调整充电电流，如果规定的电压恒定值适宜，就既能保证蓄电池的完全充电，又能尽量减少析气和失水。恒压充电原理图如图 5-21 所示。

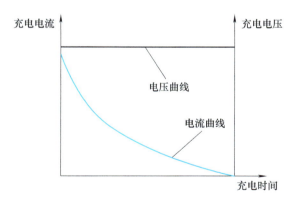

图 5-21　恒压充电原理图

2. 恒流充电

在充电过程中，充电电流始终保持不变，称为恒定电流充电，简称恒流充电或等流充电。蓄电池的初充电、运行中的蓄电池的容量检查、运行中的牵引蓄电池的充电以及蓄电池极板的化成充电多采用恒流或分阶段恒流充电。此方法的优点是可以根据蓄电池的容量确定充电电流值，直接计算充电量并确定充电完成的时间。恒流充电原理图如图 5-22 所示。

3. 脉冲充电

脉冲充电是先用脉冲电流对蓄电池进行充电,然后让蓄电池停充一段时间,如此循环。充电脉冲使蓄电池充满电量,而间歇期使蓄电池经化学反应产生的氧气和氢气有时间重新化合而被吸收掉,使浓差极化和欧姆极化自然地得到消除,从而减轻了蓄电池的内压,使下一轮的恒流充电能够更加顺利地进行,使蓄电池可以吸收更多的电量;间歇脉冲使蓄电池有较充分的反应时间,减少析气量,提高了蓄电池的充电电流接受率。脉冲充电电流波形如图5-23所示。

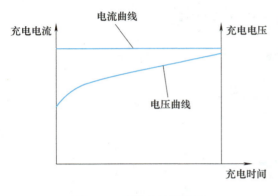

图 5-22 恒流充电原理图   图 5-23 脉冲充电电流波形

4. 快速充电

对于蓄电池进行快速充电既不能用恒流大电流充电,也不能用较高的恒压充电,否则会使蓄电池温度快速升高,损伤电极并浪费电能。快速充电是将电流用脉冲的方式输送给蓄电池,并随着充电时间延续,蓄电池有一个瞬间的大电流放电,使电极去极化。

5. 智能充电

智能充电应用 dU/dt 技术,跟踪检测蓄电池端电压在单位时间内的变化量,动态跟踪蓄电池可以接受的充电电流(特别是在蓄电池充电的后期),保持充电电流始终处于蓄电池可接受的充电电流曲线附近,使蓄电池几乎在无气体析出的条件下进行充电。

6. 均衡充电

均衡充电实际上是以小电流(约 20h 率的电流)进行 1~3h 的过充电过程,一般均衡充电不能频繁进行。

7. 初充电

对于新蓄电池和蓄电池组,在投入使用前,应按照使用说明书的规定进行小电流长时间的初充电。

在 EV 和 HEV 上,可根据动力蓄电池的情况和发动机—发电机的发电情况,选择不同的充电方法,并且可以兼用不同的充电方法。在 EV 和 HEV 上较多采用智能充电、均衡充电和初充电 3 种方法。

5.6.2 直流充电

直流充电系统用于从公共电网获取电能并为动力蓄电池进行充电,通常称为快充系统,如图 5-24 所示。它包括直流充电桩、直流充电枪、快充接口、高压配电盒等。

1. 直流充电桩

直流充电桩是固定安装在电动汽车外，与交流电网连接，可以为非车载电动汽车动力蓄电池提供直流电源的供电装置。直流充电桩的输入电压采用三相四线 AC 380V（1±15%），频率为 50Hz，输出为可调直流电，直接为电动汽车的动力蓄电池充电。由于直流充电桩采用三相四线制供电，可以提供足够的功率，输出的电压和电流调整范围大，满足实现快充的要求。

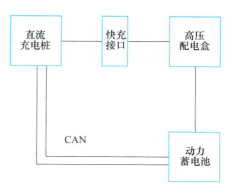

图 5-24　快充系统

2. 直流充电桩的组成

快充充电机为模块化设计。直流充电桩的组成见表 5-4。单个充电模块的输出功率为 10kW，10kW 以上充电机采用 2 个或以上的充电模块并联工作，满足整机输出功率需求。整流电路如图 5-25 所示。

表 5-4　直流充电桩的组成

直流充电桩的组成	整流电路
	调整控制及保护电路
	功率因数校正网络
	辅助电路
	充电机控制管理单元（CPU）
	人机接口单元
	远程通信单元
	电能计量单元

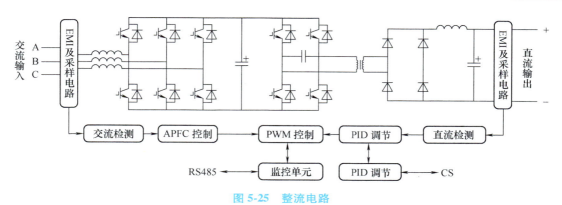

图 5-25　整流电路

1）整流电路是由交流整流滤波、DC/DC 变换器等元器件组成的，其作用是从单相或三相交流电网取得交流电，并将其转换为符合要求的直流电。

2）调整电路的作用是对输出电压进行检测和采样，并与基准值进行比较，从而控制高频开关功率管的开关时间比例，达到调节输出电压的目的。

3）功率因数校正网络的功能是通过控制过程，使输入电流波形跟踪正弦基波电流，且相位与输入电压相同，以保持输出电压稳定和功率因数接近于1.0。

4）辅助电路包括手动调整、稳压电源、保护信号、事故报警以及通信接口电路等。

5）控制管理单元（CPU）为充电机的顶层控制系统。在充电机充电操作时，控制管理单元接收人工输入或其他设备的控制指令，控制驱动脉动生成系统的起动与停止，从而控制充电机的起动与停机，并可将充电机的运行数据进行显示或传输给上层监控计算机，如图5-26所示。

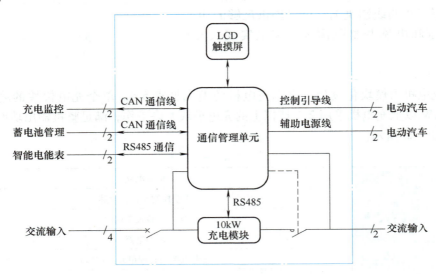

图 5-26　控制管理单元

6）充电机人机接口由按键和人机界面彩屏组成，具有计算机远程监控及蓄电池充电控制等功能。

7）快充充电机远程通信接口单元的作用是与电网调度通信网络接口，充电机通信协议与电网通信协议统一，实现充电机的远程监控及无人值守站数据的统一上传。

8）电能计量装置应根据电能计量点的位置及充电设备的额定电流选取。电动汽车非车载充电机宜选用直流电能表计量，安装在非车载充电机直流输出端和电动汽车之间。

3. 直流充电桩的工作原理

三相380V交流电源经过整流滤波变成直流输入电压，供给IGBT桥。单片机通过驱动电路使功率开关IGBT工作，把直流输入电压转换成脉宽调制的交流电压，然后由高频变压器变压隔离，最后通过整流滤波得到直流输出，进而对动力蓄电池充电。

通过可控的电流、电压反馈回路可改变充电电流和充电电压，通过检测蓄电池的端电压、充电电流以提供信息给单片机进行决策。放电电路在充电电压较高时工作，以提高蓄电池的接受能力；辅助电路提供器件工作电源；保护电路（过电流、过电压、过温）可以保证系统安全、可靠工作；单片机显示电量、时间等数据，如图5-27所示。

4. 直流充电桩的主要参数

直流充电桩的主要参数见表5-5。

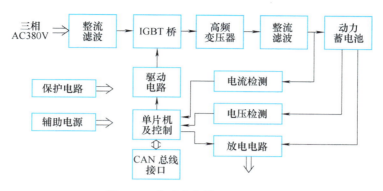

图 5-27　直流充电桩工作原理图

表 5-5　直流充电桩的主要参数

内　　　容	技术指标
额定输出电压	DC 750V(200~750V)
额定输出电流	DC 100A/250A/400A
输出稳压精度	≤±0.5%
输出稳流精度	≤±1%
功率因数	≥0.99(含 APFC)
效率	≥93%(半载以上)

5. 直流充电接口

充电桩接口如图 5-28 所示，其接口含义见表 5-6。

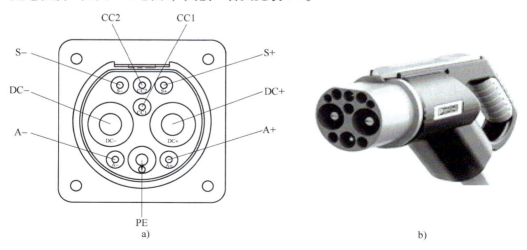

a)

b)

图 5-28　充电桩接口

表5-6 充电桩接口含义

触点编号	功能定义	触点编号	功能定义
CC1	充电连接确认	DC-	直流电源负
CC2	充电连接确认	DC+	直流电源正
S+	充电通信_CAN L	A-	低压辅助电源负极
S-	充电通信_CAN N	A+	低压辅助电源正极
PE	保护接地		

5.6.3 交流充电

电动汽车常规慢充充电是用较小交流电流对整车进行充电的交流慢充方式。电动汽车根据使用情况在使用结束后或动力蓄电池荷电状态（SOC）低于设定值时应立即充电，可用外部交流电源（交流充电桩）给电动汽车自带动力蓄电池充电机提供电能。交流慢充充电电流比较小，充电时间相对较长，一般充电时间为5~8h，有的甚至长达10~20h。慢充充电示意图如图5-29所示。

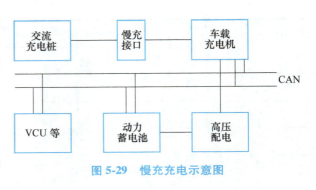

图5-29 慢充充电示意图

1. 交流充电桩

交流充电桩是一种利用专用充电接口为具有车载充电机的电动汽车提供交流电能，并提供友好的人机操作界面，具有相应的控制、计费和通信等功能的电动汽车专用交流供电装置。

慢充充电方式对电网没有特殊要求，只要能够满足照明要求的供电质量就能够使用。小型充电站是电动汽车的一种最重要的充电方式，慢充充电桩可设置在街边、超市、办公楼、停车场等处。电动汽车驾驶人只需将车停靠在充电站指定的位置上，接上导线即可开始充电。计费方式可以是投币或刷卡。

在充电过程中，禁止强行拔下充电插头，强行拔下充电插头可能会引起充电插口处打火，造成安全事故。如果发生安全事故，如异常响声、导线短路等，应砸碎充电桩红色蘑菇头按钮玻璃挡板，并按下红色蘑菇头，停止设备电源。如果想随时终止充电，应将充电卡插入读卡器，按正常操作方法进行充电。

（1）交流充电桩的工作原理 主回路由输入保护断路器、交流智能电能表、交流控制接触器和充电接口连接器组成。二次回路由控制继电器、急停按钮、运行状态指示灯、充电桩智能控制器和人机交互设备（显示、输入与刷卡）组成，如图5-30所示。

（2）交流充电桩的主要参数 交流充电桩的主要参数见表5-7。

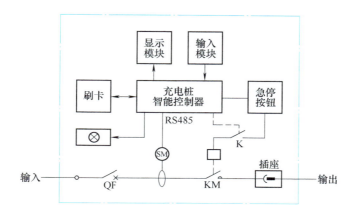

图 5-30　交流充电桩的工作原理

表 5-7　交流充电桩的主要参数

项目	参数	项目	参数
充电连接器	IEC/GB	安装	落地安装挂墙安装
人机界面	LCD/LED/VFD 键盘	通信	RS485/2G/3G
计费装置	RFID/IC 卡	环境温度	-20~50℃
供电	220V（1±10%）50Hz±1Hz	环境湿度	5%~95%
输出电压	单相 AC 220V（1±10%）	海拔	≤2000m
输出电流	≤32A	平均无故障工作时间	≥8760h
IP	IP55		

2. 慢充接口

慢充接口如图 5-31 所示，其接口含义见表 5-8。

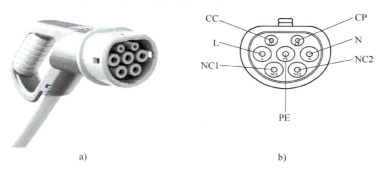

　　　　　a)　　　　　　　　　　　　　　　　b)

图 5-31　慢充接口

表 5-8　慢充接口含义

触点编号	功能定义	触点编号	功能定义
PE	保护接地	CC	控制确认线
NC1	空脚	CP	充电连接线
NC2	空脚	N	交流电源（中性线）
L	交流电源（相线）		

3. 车载充电机

车载充电机是固定安装在电动汽车上的充电机（图5-32），具有为电动汽车动力蓄电池安全、自动充满电的能力。充电机依据蓄电池管理系统（BMS）提供的数据，能动态调节充电电流或电压参数，执行相应的动作，完成充电过程。

（1）车载充电机的内部结构　车载充电机内部可分为3部分，即主电路、控制电路、线束及标准件，如图5-33所示。

图 5-32　车载充电机

图 5-33　车载充电机内部示意图

1）主电路。前端将交流电转换为恒定电压的直流电，主要是全桥电路+PFC电路。后端为DC/DC变换器，将前端转出的直流高压电变换为合适的电压及电流供给动力蓄电池。

2）控制电路。其作用是控制MOS管的开、关，与BMS之间进行通信，监测充电机状态，与充电桩握手等。

3）线束及标准件。用于主电路及控制电路的连接，固定元器件及电路板。

（2）车载充电机的特点　车载充电机特点如下：

1）使用方便，维护简单，单独对BMS进行供电，由BMS控制智能充电，无需人工值守。

2）保护功能齐全，适用范围广，具有过电压、欠电压、过电流、过热、输出短路、反接等保护功能。

3）整机保护温度为75℃，当机内温度高于75℃时，充电机输出电流变小；高于85℃时，充电机停止输出。

（3）车载充电机的主要参数　车载充电机的主要参数见表5-9。

表5-9　车载充电机的主要参数

项　目		参　数
输入参数	输入相数	单相
	输入电压/V	AC 220（1±20%）
	输入电流/A	≤16（在额定输入条件下）
	频率/Hz	45~65
	起动冲击电流/A	≤10
	软起动时间/s	3~5

（续）

项　目		参　数
输出参数	输出功率（额定）/W	3360
	输出电压（额定）/V	DC 440
	输出电流/A	0~7.5
	稳压精度	≤±0.6%
	负载调整率	≤±0.6%
	输出电压纹波（峰值）	<1%

（4）车载充电机输入控制电路　车载充电机输入控制电路如图5-34所示。

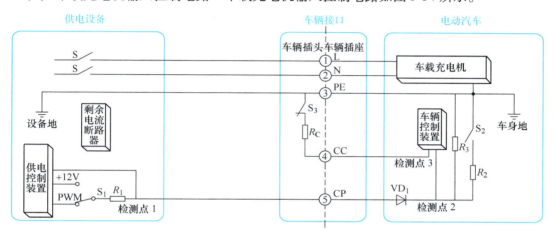

图5-34　车载充电机输入控制电路

新能源汽车驱动电机

1. 知识目标

1）了解驱动电机的定义、分类及特点。

2）了解驱动电机的主要参数。

3）了解新型电机的特点。

2. 能力目标

1）能够描述常见驱动电机的结构。

2）能够分析常见驱动电机的工作原理。

3）能够介绍交流感应电机和永磁同步电机的应用特点与情况。

3. 素养目标

1）培养学生的民族自豪感。

2）培养学生分析问题、解决问题能力。

3）培养学生的规范意识。

6.1 概述

电动汽车通过驱动电机将电能转化为机械能，并通过传动装置或直接将能量传递到车轮，从而使车辆按照驾驶人意愿行驶。驱动电机是电动汽车的关键部件之一，其在电动汽车上的具体作用是在驾驶人操纵控制下，将动力蓄电池的电能转化为车轮的动能，并在车辆制动时把车辆的动能再生为电能反馈到动力蓄电池中。

6.1.1 驱动电机的定义

根据 GB/T 19596，驱动电机系统是指驱动电机、驱动电机控制器及其工作必需的辅助装置的组合。电机是指将电能转换成机械能或将机械能转换成电能的装置，它具有能做相对运动的部件，是一种依靠电磁感应而运行的电气装置。电动机是指将电能转换为机械能的电机。驱动电机是为车辆行驶提供驱动力的电动机。电机控制器是控制动力电源与电机之间能量传输的装置，由控制信号接口电路、电机控制电路和驱动电路组成。

6.1.2　驱动电机的特点

用于电动汽车的驱动电机与常规的工业电动机不同。电动汽车用驱动电机通常要求频繁起动、停车、加速、减速，低速或爬坡时要求高转矩，高速行驶时要求低转矩，并要求变速范围大。图 6-1 所示为工业电动机和电动汽车驱动电机。

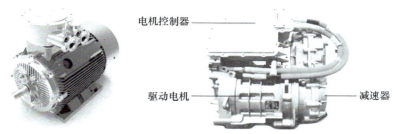

图 6-1　工业电动机和电动汽车驱动电机

与工业电动机相比，电动汽车用驱动电机在负载、技术性能和工作环境等方面均有着特殊的要求：

1）电动汽车用驱动电机需要有 4~5 倍的过载以满足短时加速或爬坡的要求，工业电动机只要求有 2 倍左右的过载就可以了。

2）电动汽车用驱动电机的最高转速要求达到在公路上巡航时基本速度的 4~5 倍，工业电动机只需要达到恒功率时基本速度的 2 倍左右即可。

3）电动汽车用驱动电机需要根据车型设计，工业电动机只需根据典型的工作模式设计。

4）电动汽车用驱动电机要求有高功率密度（一般要求达到 1kW/kg 以上）和较好的效率图（在较宽的转速范围和转矩范围内都有较高的效率），从而能够减轻车重，延长续驶里程；工业电动机通常对功率密度、效率和成本进行综合考虑，在额定工作点附近对效率进行优化。

5）电动汽车驱动电机要求工作可控性高、稳态精度高、动态性能好，工业电动机只有某一种特定的性能要求。

6）电动汽车用驱动电机，工作在空间小、高温、坏天气及频繁振动等恶劣环境下；工业电动机通常在某一个固定位置工作。

电动汽车驱动系统对于驱动电机有以下要求：

1）高电压。在允许的范围内，尽可能采用高电压，这样可以减小驱动电机的尺寸和导线截面积，特别是可以降低功率变换器的成本。

2）质量小。驱动电机应尽量采用铝合金外壳，以减小电动机的质量，还要设法降低电机控制器和冷却系统的质量。

3）较大的起动转矩和较大的调速范围。使电动汽车有较好的起动性能和加速性能，从而获得起动、加速、行驶、减速、制动所需的功率与转矩。

4）低损耗，高效率。应在车辆减速时，实现再生制动能量回收。再生制动回收能量可达到总能量的 10%~15%。

5）电气系统和控制系统的安全性必须符合国家或国际有关车辆电气控制安全性能的标准和规定，装备有高压保护设备。

6）高可靠性。耐温和耐潮性能强。

7）运行时噪声低，振动较小。能够在较恶劣的环境下长时间工作。

8）结构简单，适合大批量生产，使用、维修方便。

6.1.3 驱动电机主要性能参数

电动汽车驱动电机的主要性能参数如下：

1）额定电压：在额定工况运行时，驱动电机定子绕组应输入的线电压值。

2）额定电流：在额定电压下，驱动电机轴上输出的机械功率为额定功率时，驱动电机定子绕组通过的线电流值。

3）额定转速：在额定电压输入下，以额定功率输出时对应的驱动电机转速。

4）额定功率：在额定条件下，驱动电机轴上输出的机械功率。

5）峰值功率：在规定的时间内，驱动电机允许输出的最大功率。

6）最高工作转速：相应于电动汽车最高设计车速的驱动电机转速。

7）最高转速：在无负载条件下，驱动电机的允许最高转速。

8）额定转矩：驱动电机在额定功率和额定转速下的输出转矩。

9）峰值转矩：驱动电机在规定的持续时间内允许输出的最大转矩。

10）堵转转矩：驱动电机转子在所有角位堵住时所产生的转矩最小测得值。

11）堵转电流：驱动电机转子在所有角位堵住时所产生的电流最大测得值。

12）机械效率：驱动电机在额定条件下运行时，额定功率与电源输入到驱动电机定子绕组上功率的百分比。

13）驱动电机及控制器整体效率：驱动电机转轴输出功率与控制器输入功率的百分比。

14）温升：驱动电机在运行时允许升高的最高温度。

驱动电机作为纯电动汽车的核心部件，其性能直接影响电动汽车的动力性和能源转化效率，同时需要满足汽车结构尺寸的限制及复杂工况下的运行条件。因此，电动汽车除了要求驱动电机效率高、质量小、尺寸小、功率密度大、转矩密度大、可靠性高以及成本低，还必须能够满足汽车的频繁起动、停车、爬坡、急加速、急减速和倒车等复杂工况要求。这就要求驱动电机具备宽广的调速范围和较大的过载能力，以满足电动汽车低速时高起动转矩和爬坡能力以及高速巡航时恒功率输出能力。同时，为进一步提高电动汽车的续驶里程，要求驱动电机具有能量回收功能，即在车辆减速或者制动时将车辆的部分动能回收，转化为电能存储到动力蓄电池中。

6.1.4 驱动电机分类

电机根据不同的分类方式可以分为很多种类型。图6-2所示为按照结构和工作原理划分的电机种类。

电机根据供电方式可以分为直流电机和交流电机，其中直流电机通过对输入电压和电流的改变来调节转速。随着晶闸管电力电子技术的发展，人们对电机的使用逐步由直流电机转向交流电机。

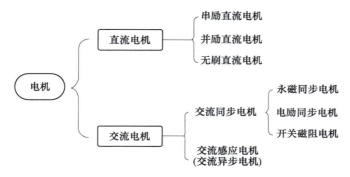

图 6-2　电机分类

根据电机定子和转子转速的一致性，可将电机分为同步电机和异步电机。在突然加负载的情况下，异步电机能够快速恢复速度响应，所以得以快速发展。同步电机在大功率输出的应用场合比较常见，并且可以在外部对其功率因数进行调整，以满足所有工况需要。

根据转子产生磁场的方式，可将同步电机分为永磁同步电机和电励同步电机。与电励同步电机相比，永磁同步电机在效率和功率因数上都有一定优势。

目前，比较常见的电动汽车用驱动电机包括直流电机、交流感应电机（交流异步电机）、永磁同步电机和开关磁阻电机，其性能对比见表 6-1。

表 6-1　常见驱动电机性能对比

项　目	直流电机	交流感应电机	永磁同步电机	开关磁阻电机
功率密度	低	中	高	较高
过载能力（%）	200	300~500	300	300~500
峰值效率（%）	85~89	94~95	95~97	90
负荷效率（%）	80~87	90~92	97~85	78~86
功率因数（%）	—	82~85	90~93	60~65
恒功率区	—	1:5	1:2.25	1:3
转速范围/（r/min）	4000~6000	12000~20000	4000~10000	可以>15000
可靠性	一般	好	优良	好
结构的坚固性	差	好	一般	优良
电机的外形尺寸	大	中	小	小
电机质量	大	中	小	小
控制操作性能	最好	好	好	好
控制器成本	低	高	高	一般

直流电机是较早应用在电动汽车上的电机，技术比较成熟，其转速较低，有着复杂的机械结构，控制比较容易。直流电机目前主要应用在低速电动汽车领域。

交流感应电机结构简单、无电刷和换向器、运行可靠、耐用，工作效率比直流电机高，因为它的高工作效率、高速运行性能优越，在较大功率电动汽车上得到了广泛应用。但与永磁同步电机相比，其存在损耗大、功率密度小、发热量大、功率因数小等缺陷。

永磁同步电机采用永磁体直接励磁，具有体积小、无励磁损耗、效率高和功率密度小、功率因数大、转矩脉动小、振动和噪声小、可靠性高以及维护成本低等优点，已经逐渐成为电动汽车的首选。但永磁材料在高温、大振动以及过电流的情况下，会产生不可逆的退磁现象，这会降低永磁同步电机的性能，因此还需通过技术、工艺等方面的研究来提升永磁同步电机的性能水平。

开关磁阻电机是近年来新启用的一种电机，具有结构简单、运行效率高、易于散热、耐高温以及维护方便等显著特点，能够较好地满足电动汽车的需求。但其转矩脉动严重、运行噪声大，与永磁同步电机相比，效率偏低、功率密度偏小，限制了其在电动汽车中的应用。

6.1.5 驱动系统

驱动系统作为电动汽车的关键子系统，为了满足汽车的动力性、经济性、排放性，应具有以下特点：

1）以电磁转矩为控制目标，通过加速踏板和制动踏板的开度来实现电磁转矩的目标值，要求转矩响应迅速、波动小。

2）电动汽车要求驱动电机有较宽的调速范围、能在四象限内工作。

3）为保证加速时间，要求驱动电机低速时有大的转矩输出和较大的过载倍数。为保证汽车能达到最高车速，要求驱动电机高速区处有一定的功率输出。

4）驱动系统高效，电磁兼容性好，易于维护。

5）良好的可靠性、耐温、耐潮湿，可以在恶劣的环境条件下长时间运转，结构简单，适合批量生产。

目前常用的驱动系统主要有两类：直流电机驱动系统和交流电机驱动系统。直流电机驱动系统即由直流电源给驱动电机供电的驱动系统，交流电动机驱动系统即由交流电源给驱动电机供电的驱动系统。

电动汽车采用不同的电力驱动系统可构成不同的结构形式。常见电动汽车驱动系统的布置方案如图6-3所示，各驱动系统布置形式的特点见表6-2。

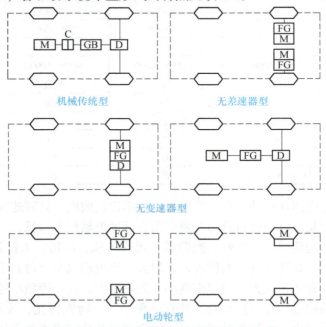

机械传统型　　　　　无差速器型

无变速器型

电动轮型

图6-3 常见电动汽车驱动系统的布置方案

M—电动机　C—离合器　GB—变速器　FG—固定速比减速器　D—差速器

表 6-2　各驱动系统布置形式的特点

布置方案	机械传统型	无变速器型	无差速器型	电动轮型
电机轴与驱动轴轴线关系	垂直	平行	同轴	电动轮装在车轮的轮毂中
驱动形式	电机前置-驱动桥前置或后置	前置模式后置模式	前置模式后置模式	前轮驱动、后轮驱动、四轮驱动
传动效率	低	较高	小	很小
几何空间	大	较小	小	很小
电机种类	普通电机	普通电机	特殊电机	普通电机
通用性	好	良好	良好	—
互换性	好	良好	良好	—

6.2　直流电机

学习直流电机

　　根据是否配置电刷-换向器，可以将直流电机分为两类，即有刷直流电机和无刷直流电机。无刷直流电机既保持了传统直流电机良好的调速性能又具有无滑动接触和换向火花、可靠性高、使用寿命长及噪声小等优点，因而获得了广泛应用。

　　电动汽车用直流电机与一般工业用的电动机相比，具有以下特点：

　　1）电枢轴长，以便安装用于速度检测的脉冲发生器。

　　2）转子细长，以适应高速旋转。

　　3）电枢槽多，以便于散热。

　　4）对于有刷直流电机，检查口大，以便于换向片、电刷等的定期检查和维护。

　　5）电刷的预压紧力大，以防止电刷误动作。

　　电动汽车用直流电机的选用和其他通用的电动机相比，需要考虑抗振动性、对环境的适应性、低损耗性、抗负载波动性、小型轻量化和免维护性。除此之外，电动汽车用直流电机大多在较低的电压下驱动，同时是大电流电路，因此需要注意连接线的接触电阻。

6.2.1　有刷直流电机

1. 基本结构与工作原理

　　有刷直流电机由定子和转子两大部分组成。直流电机运行时静止不动的部分称为定子，定子的主要作用是产生磁场，它由机座、主磁极、换向极、端盖和电刷装置等组成。运行时转动的部分称为转子，其主要作用是产生电磁转矩或感应电动势，是直流电机进行能量转换的枢纽，通常又称为电枢，由转轴、电枢铁心、电枢绕组、换向器和风扇等组成。有刷直流电机的结构如图 6-4 所示。

　　有刷直流电机的工作原理如图 6-5 所示。若把电刷 A、B 接到直流电源上，电刷 A 接电源的正极、电刷 B 接电源的负极，此时电枢线圈中将有电流流过。在图 6-5a 所示的情况下，位于 N 极下的导体 ab 受力方向为从右向左，而位于 S 极下的导体 cd 受力方向为从左向右。该电磁力与转子半径之积即为电磁转矩，该转矩的方向为逆时针。当电磁转矩大于阻力转矩时，线圈按逆时针方向旋转。当电枢旋转到图6-5b 所示的位置时，原位于 S 极下的导体 cd 转到 N 极下，其受力方向变为从右向左；原位于 N 极下的导体 ab 转到 S 极下，其受力方向变为从左向右。该转矩的方向仍为逆时针方向，线圈在此转矩作用下继续按逆时针方向旋转。这样虽然导体中流通的电流为交变的，但 N 极下的导体受力方向和 S 极下导体所受力的方向并未发生变化，转子在此方向不变的转矩作用下转动。电刷的作用是把直流电流变成线圈中的交变的电流。

2. 驱动系统

在电动汽车用电机中，小功率电机采用的是永磁电机，大功率电机大多采用的是串励、并励以及复励电机等有励磁绕组的电机。

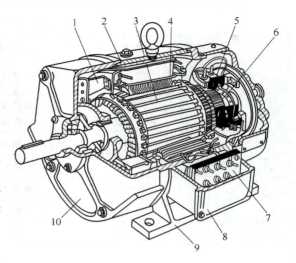

图 6-4　有刷直流电机的结构

1—风扇　2—机座　3—电枢　4—主磁极　5—电刷架
6—换向器　7—接线板　8—出线盒　9—底脚　10—端盖

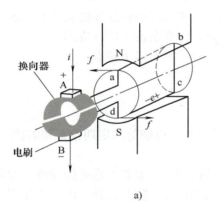
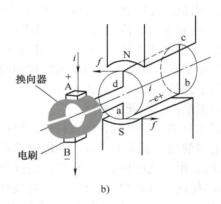

图 6-5　有刷直流电机的工作原理

使用直流电机驱动系统的电动汽车在起动、加速和恒速运行时，电机处在电动状态，实现电能到机械能的转换，驱动车辆前进。当电动汽车减速时，要求直流电机处在发电制动状态，即处于再生制动状态，给作为电源的蓄电池充电，实现机械能到电能的转换。

6.2.2　永磁无刷直流电机

1. 永磁无刷直流电机的基本结构和工作原理

永磁无刷电机主要是永磁无刷直流电机，它是在传统直流电动机基础上发展起来的。其电磁结构和传统直流电机一样，只是无刷直流电机的电枢绕组放在定子上，转子则是采用永磁材料制成的永磁体。永磁无刷直流电机以电子换向器取代了机械电刷和换向器，消除了电的滑动接触机构。

永磁无刷直流电机主要由电机本体、位置传感器和电子开关电路等组成，如图 6-6

所示。

　　永磁无刷直流电机的电机本体由定子和转子两部分组成。定子主要由导磁的定子铁心和导电的电枢绕组组成。电枢（定子）绕组可以采用星形联结，也可以采用三角形（或称封闭形）联结。当绕组为星形联结时，其逆变器可以采用桥式电路，也可以采用半桥电路。当绕组为三角形连接时，逆变器只能采用桥式电路。

　　转子是永磁无刷直流电机产生励磁磁场的部件，由永磁体、导磁体和支撑零部件组成，如图6-7所示。其常用的结构形式有3种：转子铁心外圆粘贴瓦片形永磁体，转子铁心中嵌入矩形板状永磁体以及转子铁心外套整体黏结永磁体环。为得到平顶部分足够宽的梯形波感应电动势，转子常采用表面式、嵌入式结构，转子磁钢呈瓦片形，并采用径向充磁方式。内置式转子很难产生梯形波感应电动势，无刷直流电机中一般不采用。

图6-6　永磁无刷直流电机的组成

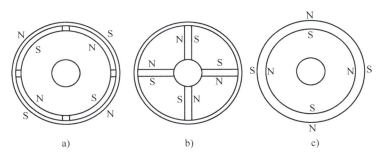

图6-7　永磁无刷直流电机的转子形式
a）瓦片形径向磁化　b）矩形切向磁化　c）环形径向磁化

　　为消除电刷和机械换向器，在无刷直流电机中将电机反装，即将永磁体磁极放在转子上，电枢绕组为定子绕组。为使定子绕组中电流方向能随其线圈边所处的磁场极性交替变化，需将定子绕组与逆变器连接，并安装转子位置检测器检测转子磁极的空间位置，根据转子空间位置控制逆变器中功率开关器件的通断，从而控制电枢绕组的导通情况。位置检测器和逆变器起到"电子换向器"的作用。

　　下面以两相导通星形三相六状态永磁无刷直流电机为例说明其工作原理，其电路如图6-8所示。

　　当转子永磁体转到图6-9a所示位置时，转子位置传感器发出磁极位置信号，经过控制电路逻辑变换后驱动逆变器，使功率开关管 VT_1、VT_6 导通，电流A进B出，绕组AB通电，电枢电流在空间形成磁动势，如图6-9a所示。此时定子、转子磁场相互作用拖动转子顺时针方向转动，电路为电源 U_S 正极→开关管 VT_1→A相绕组→B相绕组→开关管 VT_6→电源 U_S 负极。

　　当转子转过60°电角度，到达图6-9b所示位置时，位置传感器输出的信号经过逻辑变换后使开关管 VT_6 截止、VT_2 导通，此时开关管 VT_1 仍导通，绕组AC通电，电流A进C出，电枢电流在空间合成磁场如图6-9b所示，定子、转子磁场相互作用使转子继续顺时针转动。

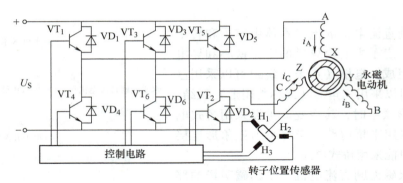

图 6-8　永磁无刷直流电机工作原理电路

此时电路为电源 U_s 正极→开关管 VT_1→A 相绕组→C 相绕组→开关管 VT_2→电源 U_s 负极。

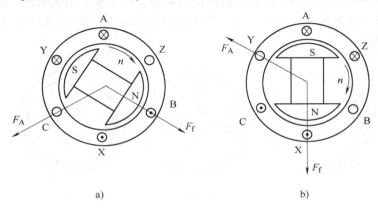

图 6-9　两相导通星形三相六状态永磁无刷直流电机工作原理

　　依此类推，每当转子沿顺时针方向转过 60°电角度时，导通功率开关管进行一次换相，电动机在 360°电角度内有 6 个磁状态，每一状态都是两相导通，每相绕组中流过电流的时间相当于转子旋转 120°电角度，每个功率开关管的导通角为 120°电角度。在 360°电角度内，功率开关管的导通顺序依次为 VT_1VT_6→VT_1VT_2→VT_2VT_3→VT_3VT_4→VT_4VT_5→VT_5VT_6。

　　定子绕组在控制电路的控制下，各相依次馈电，实现了各相绕组电流的换相。

2. 永磁无刷直流电机的驱动系统

　　永磁无刷直流电机驱动系统由直流电源、功率变换器、永磁无刷电机、传感器和控制器等部件组成。其中，直流电源是提供电能的设备，在电动汽车上，通常由相应的蓄电池模块提供。功率变换器是连接电源和电机的"能量开关"，将电源功率以一定的逻辑关系分配给电机的各相绕组，从而使电机产生持续不断的电磁转矩。永磁无刷直流电机可以实现电能到机械能的转换，并带动负载进行机械运动。传感器包括位置传感器和电流等电信号传感器，其中位置传感器检测电机转子磁极的位置信号，电流等电信号传感器检测电机电枢电流等相关电信号。控制器通过采集检测到的传感器信号，进行逻辑处理，产生相应的开关信号和其他指令，而开关信号令功率变换器按一定顺序导通。

6.2.3　直流电机的控制

直流电机的转速控制可以通过两种方法实现，即电枢控制和励磁控制。

当直流电机电枢电压减小时，电枢电流减小，电机转矩减小，由此引起电机转速降低。反之，当电枢电压增大时，电机转矩增大，由此会引起电机转速增大。

当电枢电压值恒定，直流电机的励磁电压减弱时，电机的感应电动势就会降低。由于电枢电阻很小，电枢电流增大的程度比磁场减弱的程度要大，因此，电机转矩增大，电机转速随之增大。由于电枢的最大允许电流是常数，当电枢保持电压不变时，无论转速多大，感应电动势都是恒定的。因此，电机允许的最大功率恒定、最大转矩随电机转速的变化而逆向变化。

为使电动汽车用的直流电机有较宽的转速控制范围，电枢控制必须和励磁控制相结合。当电机转速在零与基速之间时，励磁电流保持在额定值，采用电枢控制。当电机转速超过基速时，电枢电压保持在额定值，采用励磁控制。采用电枢绕组控制与励磁绕组控制相结合所允许的最大转矩与最大功率如图 6-10 所示。他励直流电机在电机和再生制动两种工作模式时的转矩-转速特性曲线如图 6-11 所示。

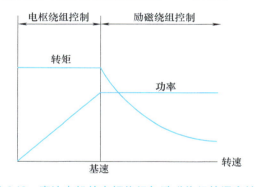

图 6-10　直流电机的电枢绕组与励磁绕组的混合控制

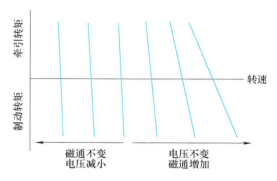

图 6-11　他励直流电机的特性曲线

6.3　交流感应电机

交流感应电机的转子与定子的磁场以相同的方向、不同的转速旋转，存在转差率，所以又称为交流异步电机。根据交流电源的相数，又分为单相交流感应电机和三相交流感应电机。单相交流感应电机多用于家用电器，例如电风扇、洗衣机、抽油烟机等，电动汽车用驱动电机所用交流感应电机多为三相交流感应电机。

交流感应电机的功率容量覆盖面很宽广（从几瓦到几兆瓦）。它可以采用空气冷却或液体冷却方式，冷却自由度高，对环境的适应性好，并且能够实现再生制动。和永磁电机相比，交流感应电机在效率方面会略逊一些，但其成本低且可靠性高，逆变器即便是损坏而产生短路也不会产生反向电动势，所以不会出现急速制动的可能性。因此，它在大型高速的电动汽车中得到广泛应用。

交流感应电机和直流电机相比具有以下优点：

1）效率较高。这对于车载能量有限的电动汽车非常重要。

2）结构简单、体积小、质量小。

3）工作可靠，使用寿命长。交流感应电机无电刷和换向器，不存在换向火花问题，因而工作可靠性较高，使用寿命较长。

4）免维护。由于不存在换向火花问题，无电刷磨损问题，因而在使用过程中无需维护。

5）电机本身的成本低。交流感应电机的结构简单，而且技术成熟、使用广泛、大批量生产，因此，其成本低于其他类型的电机。

交流感应电机具有以下缺点：

1）调速性能相对较差。由于转子的转速与定子旋转磁场的旋转速度存在转差率，因而调速性能较差。

2）功率因数较低。

3）配用的控制器成本较高。交流感应电机的控制相对较为复杂，配用的控制器成本较高。

6.3.1　交流感应电机的基本结构与工作原理

交流感应电机主要由定子、转子、电机轴、前轴承、后轴承、端盖、位置传感器、温度传感器、低压线束和高压动力线束等组成。

交流感应电机的结构示意图如图6-12所示。定子由定子铁心和三相绕组组成，定子铁心主要用作电动机主磁通磁路的一部分和放置定子三相绕组。为了降低铁心中的损耗，铁心一般采用厚度为0.5mm、表面有绝缘层并冲有一定槽形的硅钢片叠成。电机定子绕组的作用是产生旋转磁场和吸收电功率。它是由3组完全相同且在定子表面对称分布的绕组（每组为一相）根据需要连接成星形或三角形构成的三相对称绕组，如图6-13所示。

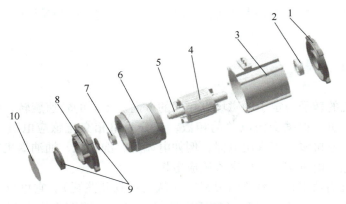

学习交流
感应电机

图6-12　交流感应电机的结构示意图

1—前端盖　2—前端轴承　3—电机壳体　4—笼型转子　5—电机轴　6—定子铁心和绕组
7—后端轴承　8—后端盖　9—位置传感器　10—传感器维修盖

三相感应电机的转子主要由转子铁心和转子绕组两部分组成。转子绕组的作用是感应电动势和电流，并与定子磁场作用产生转矩输出机械功率。转子绕组有笼型和绕线型两种。

当通过外部机械力如汽车驱动轴带动转子转动时，如果转子转速高于定子旋转磁场的转速，此时交流感应电机即为发电机，此时转子切割旋转磁场的方向与作为驱动电机转子工作时相反，因而转子中感应电动势的方向也相反。在发电过程中，电机转子受到与外力拖动相反的电磁阻转矩，使转子转速降低。

6.3.2　交流感应电机的应用特点

交流感应电机的优点是输出转矩可以在大范围内调整，能在加速或者爬坡时短时间内强制提高输出转矩。其缺点是电机单边励磁，起动电流较大，产生单位转矩需要的电流较大，而且定子中存在无功励磁电流，因此能耗比永磁同步电机大，功率因数滞后；重载驱动时常出现过负荷现象；结构相对复杂，其控制技术要求高，制造成本高；功率密度相对低。

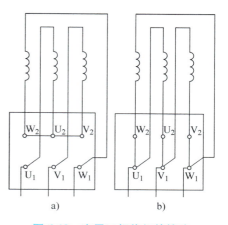

图 6-13　定子三相绕组的接法
a）星形联结　b）三角形联结

6.4　永磁同步电机

转子与气隙旋转磁场同步旋转的交流电机为交流同步电机，永磁同步电机是转子采用永磁材料励磁的交流同步电机。永磁同步电机具有高效、高控制精度、高转矩密度、良好的转矩平稳性及低振动噪声的特点，是最具竞争力的电动汽车驱动电机之一。永磁同步电机分为正弦波驱动电流的永磁同步电机和方波驱动电流的永磁同步电机。

6.4.1　永磁同步电机的结构与工作原理

永磁同步电机主要由定子、转子、电机轴、前端轴承、后端轴承、前端盖、后端盖、冷却水道、位置传感器、温度传感器、低压线束和动力线束等部件构成，如图 6-14 和图 6-15 所示。定子由定子铁心和三相绕组组成，铁心由叠片叠压而成，以减少电机运行时产生的铁耗，其中装有三相交流绕组，称作电枢。

转子主要由永磁体、转子铁心和转轴等构成。其中，永磁体主要采用铁氧体永磁和钕铁硼永磁材料；转子铁心可根据磁极结构的不同，选用实心钢，或采用钢板或硅钢片冲制后叠压而成。根据电机上永磁材料所处位置的不同，永磁同步电机可以分为表面式与内置式两种。

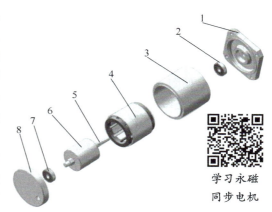

学习永磁
同步电机

图 6-14　永磁同步电机结构示意图
1—前端盖　2—前端轴承　3—电机壳体
4—定子　5—电机轴　6—内置式永磁转子
7—后端轴承　8—后端盖（内嵌位置传感器）

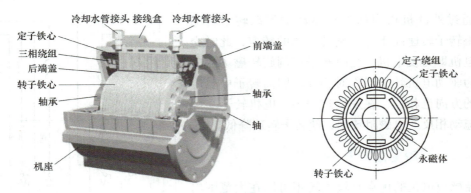

图 6-15 永磁同步电动机的基本结构

内置式永磁同步电机的永磁体内置于转子铁心中，转子在机械结构上呈现凸极特性。内置式转子磁路结构有径向式、切向式和混合式 3 种，如图 6-16 所示。电动汽车用驱动电机中大部分永磁同步电机为内置式同步电机，其可实现最大限度地对磁阻转矩进行有效利用。

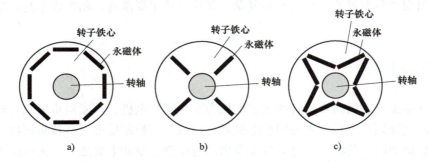

图 6-16 内置式转子磁路结构

a）径向式 b）切向式 c）混合式

表面式永磁同步电机中永磁体一般为瓦片形，贴在转子的外表面，永磁体能够提供径向的磁通方向。表面式转子磁路结构有表面凸出式和表面嵌入式两种，如图 6-17 所示。

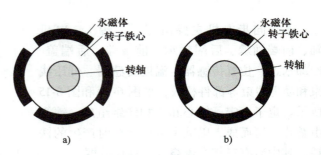

图 6-17 表面式转子磁路结构

a）表面凸出式 b）表面嵌入式

当外部力矩带动转子转动时，产生旋转磁场，切割三相定子绕组中的部分导体，产生感应三相对称电流，此时转子的动能转化为电能，永磁同步电机作为发电机工作。

6.4.2 永磁同步电机的应用特点

永磁同步电机的优点是体积小、质量小、功率密度高，相比于异步电机能耗小、温升低、效率高；可以根据需求，设计成高起动转矩、高过载能力的结构的电机。永磁同步电机严格同步，动态响应性能较好，适合变频控制，调整电流与频率即可在很大范围内调整电机的转矩和转速。但是，永磁同步电机中永磁材料通常采用钕铁硼强磁材料，这种材料较为脆硬，受到强烈震动有可能碎裂；而且转子采用永磁材料，在电机使用过程中，会因温度过高而出现磁衰退，造成动力下降。目前，永磁同步电机在新能源汽车电机中应用比较广泛，我国拥有全球70%的稀土资源，钕铁硼磁性材料总产量达到全球的80%，在发展永磁同步电机方面具有得天独厚的优势。

6.5　开关磁阻电机

磁阻电机可以分为开关磁阻电机、同步磁阻电机和其他类型磁阻电机。开关磁阻电机是采用定转子凸极且极数相接近的大步距磁阻式步进电机的结构，利用转子位置传感器通过电子功率开关控制各相绕组导通使之运行的电机。开关磁阻电机的转子和定子上都有凸极；同步磁阻电机中只有转子上有凸极，定子的结构和异步电机定子相同。

6.5.1　开关磁阻电机的结构

开关磁阻电机本体主要包括定子、转子、位置传感器、前端轴承、后端轴承、前端盖、后端盖和电机壳体等，如图6-18所示。其中，定子包括定子铁心和绕组。定子铁心和转子都采用凸极结构，均由硅钢片叠加而成，定子凸极上布置绕组，径向相对的两个绕组串联构成一相绕组，转子既无绕组也无永磁体。根据相数和定子、转子极数的配比，开关磁阻电机可以设计成不同的结构，如图6-19所示。

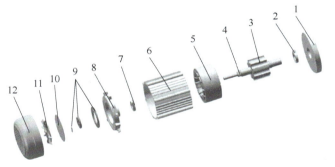

学习开关
磁阻电机

图 6-18　开关磁阻电机的结构

1—前端盖　2—前端轴承　3—转子　4—电机轴　5—定子铁心和绕组　6—电机壳体
7—后端轴承　8—后端盖　9—位置传感器　10—传感器维修盖　11—散热风扇　12—风扇罩

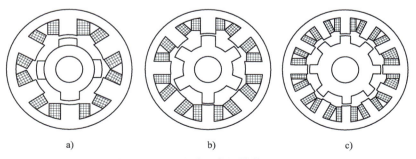

图 6-19　开关磁阻电机的基本结构
a）6/4极　b）8/6极　c）12/8极

6.5.2 开关磁阻电机的工作原理

图 6-20 所示为四相 8/6 极开关磁阻电机工作原理，图中仅画出其中一相绕组（A 相）的连接情况。由于定子、转子均为凸极结构，故每相绕组的电感 L 随转子的位置改变而改变，当定子、转子极正对时，电感达到最大值。当定子、转子极完全错开时，电感达到最小值。开关磁阻电机的运行遵循磁阻最小原理，当 B 相绕组施加电流时，由于磁通总是选择磁阻最小的路径闭合，为减小磁路的磁阻，转子将顺时针旋转，直到转子极 2 与定子极 B 的轴线重合，此时磁阻最小（电感最大）。当切断绕组 B 的电流，给绕组 A 施加电流时，磁阻转矩使得转子极 1 与定子极 A 相对。由于转矩方向一般指向最近一对定子、转子极相对的位置，根据转子位置传感器反馈的位置信号，电枢绕组按 B-A-D-C 的顺序导通，转子便会沿顺时针方向连续旋转。

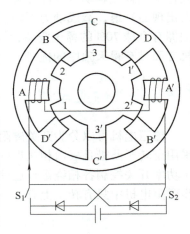

图 6-20　四相 8/6 极开关磁阻电机工作原理

6.5.3 开关磁阻电机的驱动系统

开关磁阻电机驱动系统是高性能机电一体化系统，主要由开关磁阻电机、功率变换器、传感器和控制器 4 部分组成，如图 6-21 所示。其中开关磁阻电机为驱动系统的主要组成部分，实现电能向机械能的转化。功率变换器是连接电源和电机的开关器件，用以提供开关磁阻电机所需电能，功率变换器的结构形式一般与供电电压、电动机相数以及主开关器件种类有关。传感器主要用来反馈位置及电流信号，并传送给控制器。控制器是系统的中枢，起决策和指挥作用，主要是针对传感器提供的转子位置、速度和电流反馈信息以及外部输入的指令，实时加以分析处理，进而采取相应的控制决策，控制功率变换器中主开关器件的工作状态，实现对开关磁阻电机运行状态的控制。

与当前广泛使用的异步电机变频调速系统相比，开关磁阻电机及其驱动系统在成本、效率、功率密度、调速性能、可靠性和散热性能等方面具有一定的优势。开关磁阻电机驱动系统的特点主要有：结构简单、适应性强，功率变换器结构简单、容错能力强，可控性及调速性能好，起动转矩大且调速范围宽，效率高且功耗小。

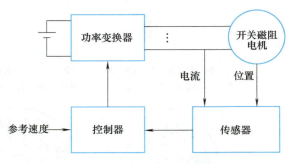

图 6-21　开关磁阻电机驱动系统

开关磁阻电机驱动系统在电动汽车领域应用的主要优势如下：

1）通过适当的控制策略和系统设计，开关磁阻电机能满足电动汽车四象限运行的要求，并能在高速运行区域内保持较强的制动能力。

2）开关磁阻电机驱动系统有良好的散热性能，功率密度大，减小了电机体积和质量，节省了电动汽车的有效空间。

3）开关磁阻电机在很宽的功率和转速范围内都能保持高效率，能有效提高电动汽车一次充电的续驶里程。

4）开关磁阻电机可以达到良好控制特性，而且容易智能化，从而能通过编程和替换电路元器件满足不同类型电动汽车的运行要求。

5）开关磁阻电机驱动系统无需或很少需要维护，适用于高温、恶劣环境，具有良好的适应性能。

6.5.4　开关磁阻电机的特点

开关磁阻电机的优点是结构简单可靠、起动性能好、效率高、成本低，可以通过改变导通、关断角度和电压来调速，拥有较宽的调速范围和能力。开关磁阻电机的缺点是转矩脉动较大、噪声较大。目前开关磁阻电机广泛应用于洗衣机、空调、电冰箱等家用电器；在新能源汽车方面，特斯拉 Model 3 的后驱动电机采用了永磁辅助的开关磁阻电机，蔚来也在开发新的开关磁阻电机。

6.6　其他新型电机

6.6.1　轮毂电机

电动汽车的电机驱动方式主要分为集中电机驱动和轮毂电机驱动两种。轮毂电机驱动是将电机设计安装在车轮的轮毂内，输出转矩直接传输到车轮，舍弃传统的离合器、减速器、传动桥等机械传动部件，提高了车体空间的利用率。为了在有效的空间内达到较好的性能指标和效率，轮毂电机大多为永磁电机。

轮毂电机技术又称车轮内装电机技术，是纯电动汽车的一种先进的驱动方式。轮毂电机如图 6-22 所示。

图 6-22　轮毂电机

1. 轮毂电机结构

轮毂电机的结构如图 6-23 所示。电机的转子和车轮、制动盘固定在一起。当电机工作时，转子在电磁激励下转动，从而带动车轮转动。轮毂电机可以回收能量，还可以与现有车辆上的传统动力系统配合，改装为混合动力汽车，使车辆燃油消耗降低多达 30%。

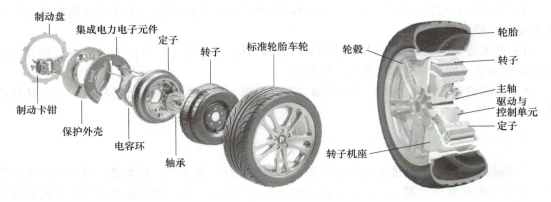

制动盘
集成电力电子元件
定子
转子
标准轮胎车轮
轮毂
轮胎
转子

制动卡钳
保护外壳
电容环
轴承
转子机座
主轴
驱动与
控制单元
定子

图6-23　轮毂电机结构

2. 轮毂电机驱动的特点

轮毂电机驱动相对于集中电机驱动具有以下优点：

1）以电子差速控制技术实现转弯时内、外车轮不同转速运动，而且精度更高。

2）取消机械差速装置有利于动力系统减轻重量，提高传动效率，降低传动噪声。

3）有利于整车总布置的优化和整车动力学性能的匹配优化。

4）降低对电机的性能指标要求，且具有冗余可靠性高的特点。

5）车身上几乎没有大功率的运动部件，整车的振动和噪声舒适性得到极大改善。

6）轮毂电机驱动方式是便于实现四轮驱动的驱动形式，有利于极大改善整车的动力性能。

7）轮毂电机作为执行元件，具有响应速度快、精度高的优点，便于实现包括线控驱动、线控制动等线控整车动力控制，从而实现整车动力集成控制。

轮毂电机驱动具有以下缺点：

1）为满足各轮运动协调，对多个电机的同步协调控制要求高。

2）电机的分散安装布置提出了结构布置、热管理、电磁兼容以及振动控制等多方面的技术难题。

3）电机与车轮集成导致非簧载质量较大，悬架隔振性能恶化，影响不平路面行驶条件下的车辆操控性和安全性。同时，轮毂电机将承受很大的路面冲击载荷，电机抗振要求苛刻。

4）车辆大负荷低速爬长坡工况下容易出现冷却不足导致的轮毂电机过热烧毁问题，电机的散热和强制冷却问题需要重视。

5）车轮部位水和污物等容易集存，导致电机的腐蚀破坏，使用寿命和可靠性受影响。

6）轮毂电机运行转矩的波动可能会引起汽车轮胎、悬架以及转向系统的振动和噪声，以及其他整车声振问题。

3. 轮毂电机的发展前景

随着新能源汽车驱动技术的发展升级，轮毂电机技术逐渐进入人们的视野。轮毂电机技术被看作是新能源汽车未来最佳的驱动解决方案。目前轮毂电机还有很多问题没有解决，尚不能形成市场。目前国内轮毂电机制造商以及新能源汽车企业对轮毂电机市场充满信心，正在加紧产业化布局及市场推广。

6.6.2　双定子及双转子电机

双转子永磁电机的基本结构如图 6-24 所示。图 6-24a 所示电机将无定子槽绕组结构与双永磁转子结构相结合，相对于传统的单转子无齿槽电动机，大大缩短了绕组端部长度，提高了定子绕组利用率，减小了电枢绕组铜损。图 6-24b 所示电机将有槽绕组结构与双永磁转子结构相结合，可以进一步减小气隙宽度。

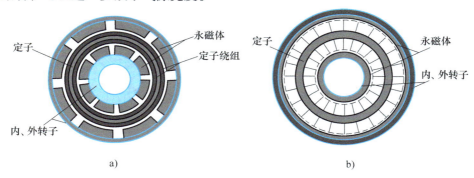

图 6-24　双转子永磁电机的基本结构

a）无齿槽结构双转子永磁电动机　b）有齿槽结构双转子永磁电动机

双转子电机虽然具有两个转子，但是其内、外转子由端部固定在一起，这样电机具有唯一的转速输出。由于结构紧凑，双转子永磁电动机与单转子永磁电机相比，可以充分利用电机内部空间，提高电机转矩密度和功率密度。但是双转子永磁电机的定子绕组全部放置于电机内部，散热存在问题；定子绕组占据了电机内部大部分空间，内转子半径受到限制，进而影响其转矩输出；外转子永磁体的用量会随半径增大而增大，从而一定程度上增加了电机的成本。

6.6.3　双励磁永磁无刷电机

双励磁永磁无刷电机通常指由电励磁和永磁体相互作用而共同产生磁场的无刷电机。因为电励磁具有灵活的可调性，因此这种双励磁永磁无刷电机既具有普通永磁无刷电机的优点，又克服了普通永磁无刷电机所具有的磁场调节的复杂性和局限性。图 6-25 所示为双定子爪极型双励磁永磁无刷电机结构。

这类新型的双励磁永磁无刷电机具有以下特点：

1）电励磁和永磁体可位于转子或定子，从而构成转子型或定子型双励磁永磁无刷电机。

2）电励磁可以与永磁体构成物理意义上的串联、并联或串并联结构，从而达到灵活调节磁通的目的。

3）通过改变直流励磁绕组的电流幅值和方向，可以实现气隙磁通密度增强或者减小。

4）通过直流励磁绕组电流进行增磁，电机可以提供非常大的转矩。这个特点对电动汽车起动是非常必要的，而且可提供短暂的功率给电动汽车过载和爬坡。

5）通过直流绕组电流进行弱磁，电机可以提供宽速度范围的恒功率运行区。这个特点对电动汽车的高速巡航是非常必要的。

6）通过在线调节气隙磁通密度，电机可以维持发电模式或再生模式下的大范围速度期间的恒电压输出。这个特点对蓄电池充电是非常必要的。

7）通过在线调节气隙磁通密度，电机可以实现效率最优控制。

6.6.4　记忆电机

记忆电机又称为磁通可控永磁电机。记忆电机的结构既能做成变磁通形式，又能做成变极数形式。在这两种电机结构中，通过在短时间内流过电机定子电枢绕组中的充、去磁脉冲电流，转子上永磁体的磁化状态能有效地改变，因此可极大地减少传统永磁电机励磁时所需的持续功率损耗。

图6-26所示为变磁通形式的记忆电机的剖面示意图。它采用的是传统的内插式永磁电动机结构。转子由永磁体、软铁（永磁体两侧）和非磁性材料（软铁之间的三角部分）做成夹层结构，然后用机械的方法固定在一根非磁性的轴上，外表面用导磁圆筒固定。其中，永磁材料采用了剩磁较高而矫顽力较低的铝镍钴永磁体。

转子上被切向磁化过的永磁体产生的磁通经过气隙进入定子，此时气隙主磁通最强。当需要弱磁时，采用电流矢量解耦

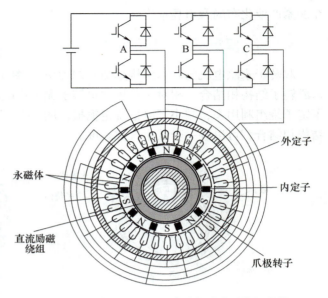

图6-25　双定子爪极型双励磁永磁无刷电机结构

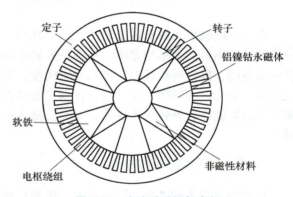

图6-26　交流励磁记忆电机

控制，在定子电枢绕组上施加一个与原磁化方向相反的脉冲电流后，所产生的磁通使转子永磁体被部分去磁，每块永磁体被分成磁化方向不同的两个区域，此时穿过气隙的永磁主磁通就减小了。这个记忆电机最大的优点是可以在很宽的调速范围内运行，而没有过多的励磁损耗，同时不牺牲电机的其他特性。切向式转子磁路结构相对于径向式转子磁路结构来说，一个极距下的永磁气隙主磁通由相邻两个磁极永磁体并联提供，每极都能获得较大的气隙磁通。

图6-27所示为内置混合磁钢式转子的记忆电机。它是将普通内插式永磁电机的永磁体置换成由钕铁硼永磁体和铝镍钴永磁体共同励磁，其中径向放置的钕铁硼永磁体作为主要的励磁源，切向放置的铝镍钴永磁体可以正、反两个方向磁化。当铝镍钴永磁体的磁化方向和钕铁硼永磁体的磁化方向一致时，铝镍钴产生的磁场起到将钕铁硼产生的磁通推向定子而使气隙主磁通增强的作用；当铝镍钴永磁体的磁化方向和钕铁硼永磁体的磁化方向相反时，铝

镍钴产生的磁场将钕铁硼产生的磁通抵消，达到减小气隙磁通的效果。

上面两个记忆电机存在一个共同点，即作为励磁源的永磁体位于转子上，而由于不存在单独的励磁线圈，使得改变它们磁化程度的励磁电流是通过交流电枢绕组来实现的，这种类型的记忆电机被归类为交流励磁记忆电机。

还有一种类型的记忆电机为直流励磁记忆电机。直流励磁记忆电机的结构衍生于传统的双凸极永磁电机，采用了五相外转子、双层内定子以及多齿槽凸极结构，如图 6-28 所示。五相绕组的使用不仅增加了转矩的平稳性，也提高了电机的容错能力，同时相数的增多意味着能够提供更好的起动性能和更高的功率密度，这些都是现代电动汽车技术所要求的。外转子的利用减少了永磁体材料和励磁绕组材料的用量，形成更紧凑的电机结构，而且使其可以直接用作电动汽车的外转子轮毂电机，从而减少中间齿轮等传动环节，有效提高系统的效率。

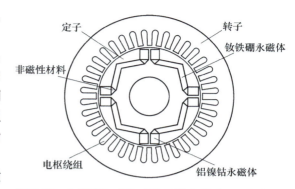

图 6-27　内置混合磁钢式转子的交流励磁记忆电机

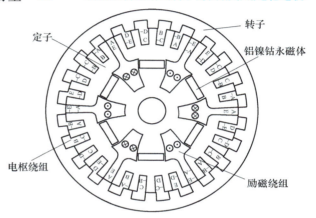

图 6-28　直流励磁记忆电机

电动汽车辅助系统

 **学习目标**

1. 知识目标

1）了解常见电动汽车辅助系统的作用。

2）了解常见电动汽车辅助系统的组成。

3）了解电动制动系统和电动转向系统的分类。

2. 能力目标

1）能够理解 DC/DC 变换器的工作原理。

2）能够分析电动助力制动和电动制动的工作原理。

3）能够分析电动助力转向和线控转向的工作原理。

3. 素养目标

1）培养学生自主学习的能力。

2）培养学生分析问题、解决问题的能力。

3）培养学生独立思考的能力。

7.1 概述

电动汽车除动力蓄电池、发电机、驱动电机等动力系统以及变速器、传动轴、悬架等传动系统之外，还有许多辅助系统用以提高电动汽车的操控性、安全性和舒适性，其中包括辅助 DC/DC 变换器、电动制动系统、电动转向系统、电动冷却系统、电动空调系统等。

电动汽车与传统燃油汽车最大的区别在于动力装置的不同，电动汽车的辅助系统相对于传统燃油汽车必须做出相应的改进，这种变化也为电动汽车辅助系统的电动化提供了便利。

电动汽车辅助系统需要电动化的原因总结如下：

1）取消发动机的需要。

2）结构合理的需要。

3）提高性能的需要。

4）节能的需要。

与传统燃油汽车相比，电动汽车的结构使得辅助系统的电动化更加简单，性能也有所提升，辅助系统的电动化可以满足更高的环保要求。

电动汽车的辅助系统有些是电动汽车独有的，如再生制动系统，在减速制动时将车辆的部分动能转化为电能，转化的电能储存在储存装置中，如各种蓄电池、超级电容器和超高速飞轮，最终增加电动汽车的续驶里程。一些辅助系统如空调系统、转向系统、导航系统等是电动汽车和传统汽车都有的，但许多应用在电动汽车上的辅助系统也有自己的特点。

7.1.1　辅助 DC/DC 变换器

电动汽车中电源转换器可分为 DC/DC（直流-直流）变换器和 DC/AC（直流-交流）变换器（逆变器）两类，在纯电动汽车中主要应用的是 DC/DC 变换器，有升压、降压、双向 3 种形式，是实现电气系统电能变换、传输和电气拖动的重要电气设备，主要用于：

1）不同电源之间的特性匹配。

2）驱动直流电动机。

3）给辅助蓄电池充电。

7.1.2　电动制动系统

电动汽车的电动制动系统有电动助力制动和电动制动两种，其中电动制动是基于近年来对车辆线控系统（x-by-wire）的研究而产生的，电子机械制动器（Electro Mechanical Brake，EMB）便是其中的一种形式。简单来说，电子机械制动器是把原来由液压或者压缩空气驱动的部分改为由电动机来驱动，借以提高响应速度、增加制动效能等，同时大大简化了结构，降低了装配和维护的难度。EMB 以电能作为能量来源，由电动机驱动制动衬块，由导线传递能量，数据线传递信号，是一种全新的制动系统设计理念，其简单的结构、高效的性能极大地提高了汽车的制动安全性。相对于传统制动系统，EMB 制动系统具有以下优点：

1）EMB 制动系统取消了液压或气压管路、真空助力器等部件，使制动系统结构简单、重量轻、体积小，节省了前机舱内空间，便于布置其他部件，同时减小了整车质量。

2）EMB 制动系统在无需增加任何附件（如液压或气压调节装置）的情况下，可综合实现 ABS、TCS、ESP（电子稳定程序）及 EBD 等主动安全控制功能，消除了液压或气压制动系统增加附件而导致回路泄漏的隐患。

3）EMB 制动系统采用电子制动踏板代替了传统的机械式制动踏板及真空助力装置等，实现了对驾驶人制动意图的智能识别，而且可根据需要提供良好的踏板感觉。

4）由于采用电动机而非人力作为制动动力源，EMB 制动系统提高了制动效能，同时缩短了制动响应时间。

5）传动效率高，安全可靠，节能。

6）无需制动液，降低了对环境的污染。

7.1.3　电动转向系统

电动转向系统有电子转向系统（又称线控转向系统，Electric Steering System/Steering by wire，ESS）、电动助力转向（Electric Power Steering，EPS）系统等。

以电动助力转向（EPS）系统为例，其优势在于：

1）更加节能。EPS系统由于没有液压装置，属于典型的"按需供能型"系统，即只有转向时系统才工作，而车辆没运行或者直线行驶时不消耗能量，这样将消耗相对较少的能量。因而与传统液压助力转向系统相比，在各种行驶状况下可节能80%~90%。

2）助力效果更好。EPS系统可以针对车辆行驶的各种工况，通过优化助力特性曲线，使助力更加精确，效果更加理想。另外，可以采用阻尼控制方法减小由路面不平产生的对转向系统的干扰，保障汽车低速行驶时的转向轻便性，提高汽车高速行驶时的转向稳定性，进而提高汽车的主动安全性。

3）重量大大减轻。与液压助力转向（HPS）系统相比，EPS系统的结构更简单，零件数目也大大减少，因而重量大大减轻，同时使布置更加方便，并且降低了工作时的噪声。

4）生产和开发周期更短。EPS系统的前期研发时间较长，但是设计完成后，就可以通过修改相应的程序，快速实现与特定车型的匹配，因而大大缩短了针对不同车型的研发时间。

5）可实现转向系统的主动回正。在一定的车速下，若驾驶人转动转向盘一个角度后松开，车辆本身具有使车辆回到直线行驶方向的能力，这是由其固有结构所决定的。EPS系统可以对该回正过程进行主动控制，利用软件在最大限度内调整设计参数以使车辆获得最佳的回正特性。在传统的液压控制系统中，汽车设计完成后，其回正特性不能再改变，否则必须改造底盘的机械结构，实现起来有较大困难。

6）环保性好。因为取消了液压系统，不存在液压油对环境的污染问题。

7.1.4　电动冷却系统

冷却散热是车辆辅助系统的核心功能之一，是动力传动装置正常工作的重要保证。电动汽车通风冷却系统的功能要求与普通机械传动车辆基本相同。但是，结构差异导致了热源及其散热方式的不同。因此，必须考虑热源的特点，采取相应的冷却方式来满足其使用要求。电动汽车的主要热源有动力蓄电池、控制器、电动机等。

无论是传统的铅酸蓄电池，还是性能先进的氢镍、锂离子蓄电池，温度对蓄电池整体性能都有非常显著的影响。首先，充、放电过程的电化学反应都是在特定的温度范围内才能发生的，这意味着蓄电池运行的环境温度范围是特定的。温度会影响蓄电池的充放电效率、蓄电池的容量和功率、蓄电池的可靠性和安全性、蓄电池的使用寿命和循环次数。

在高温等复杂条件下，对动力蓄电池散热性能有更高要求，必须采用液体或气体作为冷却介质。冷却系统分为主动式冷却系统和被动式冷却系统。以液体冷却系统为例，主动式冷却系统中使用汽车自身制冷装置，动力蓄电池的热量通过液体与液体交换的形式送出；被动式冷却系统中，采用液体与外界空气进行热交换的方式将蓄电池的热量送出。

燃料电池的工作一般为60~100℃，须设有专门的冷却装置，由于冷却液的温差小，所需散热器的体积大。燃料电池的冷却介质为去离子水，这是由燃料电池本身决定的。

影响电动机体积和重量的最大因素之一就是其热负荷问题。采取有效的冷却措施会大大缩减其体积和重量。尽管风冷电动机结构简单、成本低，但与液冷电动机相比效率低，且体积和重量都大。液冷需加额外的泵来提供冷却液，这将增加功耗，使结构复杂，但其工作效率高、冷却效果好、体积小。目前电动汽车上使用的电动机冷却方式有自然冷却、风冷和液体冷却（包括水冷和油冷）3种。考虑电动机高比功率、高速度的需求，液体冷却成为主要的选择。

电动汽车控制装置包括电机控制器、辅助DC/DC变换器以及用于驱动辅助系统电动机的小功率 DC/AC 变换器等。控制装置一般允许最高温度为 60~70℃，最佳工作环境温度为 40~50℃，所以，必须采取专门的冷却装置对控制装置的温度进行有效的控制。

7.1.5　电动空调系统

传统燃油汽车与电动汽车空调系统的区别在于电动汽车没有发动机的余热可以利用或者不能完全利用发动机的余热，需采用热泵型空调系统或辅助加热器。电动空调压缩机可以采用电动机直接驱动，但对压缩机高转速性和密封性的要求较高。电动空调系统目前采用的方案主要包括电动热泵式空调系统、电动压缩机制冷与电加热器混合调节空调系统。

相比传统空调系统，电动空调系统在环境保护、整车布置以及车厢舒适性等各项指标上均有优势，主要优点如下：

1）电动空调系统可以采用全封闭的 R134a（目前主要用作汽车空调用制冷剂）系统及制冷剂回收技术，整体的高度密封性可以减小正常运行以及修理维护时制冷剂的泄漏损失，从而减少对环境的污染。

2）电动空调的压缩机靠电动机驱动，因此可以通过精确的控制以及在常见热负荷工况下的高效率运行来降低空调系统的能耗，从而提高整车的经济性。电动式压缩机相对于传统机械式压缩机效率较高，也可以减少能量消耗，见表 7-1。

表 7-1　传统机械式压缩机与电动式压缩机的效率比较

机　型	传输效率	容积效率	其　他	总　和
机械式压缩机	0.95	0.4	0.75	0.29
电动式压缩机	0.65	0.9	0.75	0.44

3）采用电动机驱动，噪声较低，可靠性高，使用寿命长，故障率低。

4）对于一体式电动压缩机，取消了发动机与压缩机之间的传动带，没有了张紧件的质量，相对于传统结构减小了整车质量。

5）可以在上车之前预先遥控起动电动空调，对车厢内的空气进行预先调节，相比传统空调可增加乘员的舒适性。

7.2　DC/DC 变换器

学习 DC/DC 变换器

燃油汽车和电动汽车的辅助系统的主要区别在于，燃油汽车的辅助蓄电池由与发动机相连的交流发电机来充电，而电动汽车的辅助蓄电池由主电源通过 DC/DC 变换器来充电。电动汽车或混合动力电动汽车中用来推动电动机转动的能量来自于动力蓄电池，动力蓄电池电压较高，所以又称为高压电源。

DC/DC 变换器的主要功能是把高压（如 400V）直流电降压为燃油汽车中发电机的直流电压（如 14V 或 28V），400V 电压在汽车行驶中会降到电动机不能工作的电压（例如280V），DC/DC（直流/直流）变换器保证在 280~400V 变化电压区间内输出稳定的 14V 电压。另外，当动力蓄电池完全放完电汽车已经不能行驶时，DC/DC 变换器仍能从动力蓄电池中吸取能量向电动汽车的基本辅助系统提供稳定的 14V 电压。

电动汽车用 DC/DC 变换器可分为升压型和降压型、全桥型和半桥型、非绝缘型和绝缘型。非绝缘型 DC/DC 变换器是电路两侧通过电子元件相连通，绝缘型 DC/DC 变换器是电路两侧采用变压器隔离，采用磁能交换。非绝缘型 DC/DC 变换器结构简单、成本低，绝缘型 DC/DC 变换器能将主电源的高等级电压与辅助蓄电池的低等级电压隔离开来，更加安全可靠。

在电动汽车中，人们常把空调器、收音机、喇叭、车灯系统、电动车窗、刮水器、动力转向系统、液压制动、气动制动、空调加热器等统一称为辅助系统。对于传统汽油发动机，当发动机转速低时，如果空调、音响及车灯等同时使用，即使发动机仍在运行，有时会出现电力不足现象。使用动力蓄电池和 DC/DC 变换器之后，可以不必考虑发动机的转速而为辅助蓄电池充电。

7.2.1　低压系统

汽油机汽车电器通常采用 12V 供电，所以 DC/DC 变换器降压输出 14V，对于 24V 电器系统的柴油机汽车要降压为 28V。

7.2.2　次高压系统

为了节约能量，对于那些功率大的设备（如电机控制器、动力转向系统、液压制动或气动制动、空调除霜器等）要采用较高的电压供电。因此有的 DC/DC 变换器在降压后分别输出常规的 14V、28V 之外，还要输出 48V 甚至 120V 的次高压。这使得电动汽车的辅助蓄电池系统比燃油汽车的原车系统更为复杂。

电动汽车辅助系统的能量消耗比燃油汽车大得多。各种辅助系统的功耗见表 7-2。从表中可以看出，空调器是电动汽车辅助系统中功耗最大的子系统，它的功耗占所有辅助系统功耗的 60%~75%。为了减少空调器的损耗，通常采用 120V 的电压等级供电。此外，为了避免辅助蓄电池的电能在短时间内耗尽，大功率的子系统应当只有在接触器闭合时才能工作，这样可以直接从主电源中获取所需的动力。

表 7-2　电动汽车辅助系统的功耗

辅助子系统	工作状态	功耗/W	辅助子系统	工作状态	功耗/W
空调器	连续	2000~4000	仪表	连续	30
收音机	连续	20	停车灯、转向灯及车内灯	断续	50
接触器	连续	20	动力转向系统	连续	400
驱动控制	连续	150	液压制动或气动制动	连续	1500
能量管理系统	连续	150	电动车窗	断续	80
车头灯和外尾灯	连续	120	车窗除霜器	连续	250
喇叭	断续	10	刮水器	连续	40

图 7-1 所示为电动汽车用 DC/DC 变换器。

决定 DC/DC 变换器性能的主要因素是变压器的大小、形状以及支持的开关频率等。通过提高开关频率，可减小变压器和整流电路的尺寸。因为频率提高，所以功率半导体单位时间的开关次数增加。

7.2.3　单、双向 DC/DC 变换器

实现降压的 DC/DC 变换器的主电路结构有很多，其中 Buck 型 DC/DC 变换器结构简单，

变换效率高，是首选的 DC/DC 变换电路拓扑结构之一。

　　DC/DC 变换器一般由控制芯片、电感线圈、二极管、晶体管和电容器构成。基本 Buck 型 DC/DC 变换电路如图 7-2 所示，其中 U_{in} 是输入电压，U_o 是 Buck 电路的输出电压，C 是输入电容，S 是主功率开关管，VD 是主功率二极管，L 是储能电感。

图 7-1　电动汽车用 DC/DC 变换器

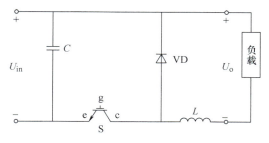

图 7-2　基本 Buck 型 DC/DC 变换电路

　　基本 Buck 电路的工作过程如下：当开关管 S 导通时，电流经负载、电感线圈 L 流过 S 并线性增加，电能以磁能形式存储在电感线圈 L 中，同时给负载供电，电容 C、负载、L、S 构成回路。此时由于二极管 VD 的阳极接负，VD 处于截止状态。当 S 由导通转为截止时，存储在电感中的能量释放出来，通过 VD 续流维持向负载供电，L、VD 和负载构成回路。若周期性地控制开关管 S 的导通与截止，即可实现能量由 U_{in} 向 U_o 的降压传递。为达到上述降压传递，开关管 S 与二极管 VD 必须轮流导通与截止，二者之间频繁地进行换流。

　　在燃料电池电动汽车（FCEV）上燃料电池只是由燃料产生电能，而不能储存电能，因此采用单向 DC/DC 变换器。FCEV 采用的电源有各自的特性，燃料电池只提供直流电，电压和电流随输出电流的变化而变化。燃料电池不能接受外电源的充电，电流的方向只是单向流动。FCEV 采用的辅助电源（动力蓄电池和超级电容器）在充电和放电时，也是以直流电的形式流动，但电流的方向是可逆性流动。

　　FCEV 上各种电源的电压和电流受工况变化的影响呈不稳定状态。为了满足驱动电机对电压和电流的要求及对多电源电力系统的控制，在电源与驱动电机之间，用计算机控制实现对 FCEV 的多电源的综合控制，保证 FCEV 的正常运行。FCEV 的燃料电池需要设置单向 DC/DC 变换器，动力蓄电池和超级电容器需要设置双向 DC/DC 变换器。

7.3　电动制动系统

7.3.1　电动真空助力制动系统

　　汽车制动系统一般采用真空助力或气压助力，真空泵产生的真空度越大，制动助力性能越好，驾驶人踩踏板越省力。所以，在对真空助力制动系统电动真空泵的设计或选择上，应尽可能使真空度满足制动性能的要求。

　　计算结果表明，当电动真空泵的最小真空度为 37.5kPa 时，可为制动系统提供满足设计要求的制动助力。图 7-3 所示为电动真空助力制动系统的基本构成。真空助力器安装在制动踏板和制动主缸之间，由踏板通过推杆直接操纵。助力器和踏板产生的力叠加在一起作用在制动主缸推杆上，以提高制动主缸的输出压力。真空助力器被带有橡胶膜片的活塞分为前室和后室（大气阀打开时可与大气相通），通常常压室的真空度为60~80kPa（即真空泵可以提供的真空度大小）。真空助力器能提供助力的大小取决于其常压室和变压室气压差值的大小。当变压室的压力达到外界大气压时，真空助力器即可提供最大的制动助力。真空泵产生的真空度的大小和速度会影响真空助力器的工作状态，真空泵的容量大小会影响助力器的性能，进而影响到制动系统在各种工况下是否能正常工作。

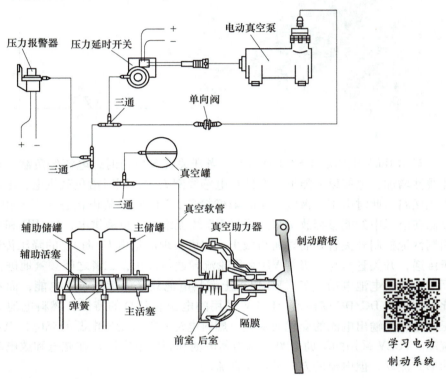

图7-3 电动真空助力制动系统的基本构成

电动真空助力制动系统的控制过程如下：

1）接通汽车12V电源，压力延时开关闭合，真空泵工作大约30s后开关断开，这时真空罐内的真空度约为80kPa。

2）当真空罐内的真空度降到55kPa时，压力延时开关再次闭合。

3）当真空罐内的真空度降到约34kPa时，压力报警器发出信号。

若真空泵控制开关有很明显的短时间开启和关闭，说明发生了泄漏。按照这个控制策略，设计了间歇性真空发生系统。该间歇性真空发生系统的基本工作原理为当驾驶人起动汽车时，12V电源接通，压力延时开关与压力报警器开始压力自检，若真空罐内的真空度小于55kPa，压力膜片将会挤压触点，从而接通电源，真空泵开始工作。当真空度增加至55kPa时，压力延时开关断开，然后通过延时继电器使得真空泵继续工作大约30s后停止。每次驾驶人有制动动作时，压力延时开关均会自检，从而判断电动真空泵是否应该工作。若真空罐内的真空度低于34kPa，真空助力器不能提供有效的真空助力，这时压力报警器将会发出信号，提醒驾驶人注意行车速度。

电动真空泵也可以采用电控单元控制，只要将压力开关换成绝对压力传感器，电动真空泵由控制单元控制继电器即可。

7.3.2　电子液压制动系统

传统内燃机汽车的制动需要依靠真空助力器来实现，并由发动机动力提供所需真空源。对于电动汽车和混合动力汽车，因为它们没有发动机或者处于纯电动模式时发动机不工作，便失去了真空源，只能通过搭载真空泵来完成制动。电动真空助力制动系统配用了电动泵、高压蓄能器、踏板模拟器和电磁阀，系统结构复杂、安全性低、价格昂贵。

线控制动不仅解决了传统制动带来的一系列问题，更为新能源汽车制动的快速发展带来了新的契机与方向。线控制动系统主要分为电子液压制动（Electro-Hydraulic Brake，EHB）系统和电子机械制动（Electro-Mechanical Brake，EMB）系统两种。EHB 系统取消了传统制动系统中的真空助力器，用电子系统来提供动力源，同时保留了技术成熟的液压部分，可以在电子助力失效时提供备用制动，确保车辆安全。目前应用较多的 EHB 包括泵式电子液压制动（Pump-Electro-Hydraulic Brake，P-EHB）系统和集成式电子液压制动（Integrated-Electro-Hydraulic Brake，I-EHB）系统。P-EHB 系统获取制动信号后，向电动液压泵发出相应的电信号，将足够的制动液泵入高压蓄能器，利用高速开关阀实现车辆的制动。I-EHB 系统利用电动机直接推动主缸活塞建立液压力，并通过液压补偿的方法实现踏板感觉的反馈，实现了一定程度的解耦（即制动减速度和踏板力可以各自独立变化）。相比其他电子液压制动系统，I-EHB 系统不需要电动泵、高压蓄能器、电磁阀和踏板模拟器等元件，大大简化了系统结构，节省了成本。

世界各大汽车零部件企业先后研发出 I-EHB 系统，如博世 iBooster、大陆 MKC1、日立 EACT 等，如图 7-4 所示。博世 iBooster 是当前应用最广泛的电动助力制动系统，先后被北汽极狐、比亚迪、蔚来、理想等新能源汽车所采用。

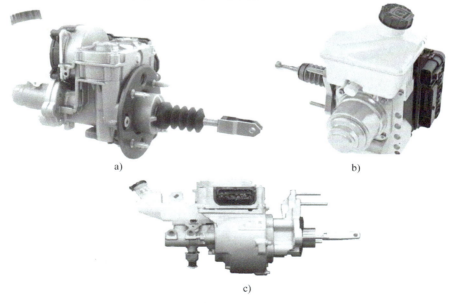

a)　　　　　　　　　　　　　　　b)

c)

图 7-4　常见 I-EHB 系统
a）博世 iBooster 1.0　b）大陆 MKC1　c）日立 EACT

1. 博世 iBooster 的组成

到目前为止,博世公司共推出两代 iBooster,博世 iBooster 1.0 的结构如图7-5所示,博世 iBooster 2.0 的结构与组成如图7-6和图7-7所示。iBooster 主要由输入推杆、永磁同步电

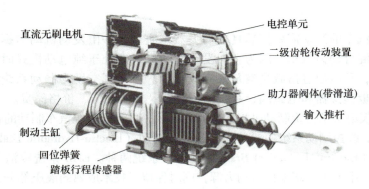

直流无刷电机　电控单元　二级齿轮传动装置　助力器阀体(带滑道)　输入推杆　制动主缸　回位弹簧　踏板行程传感器

图 7-5　博世 iBooster 1.0 的结构

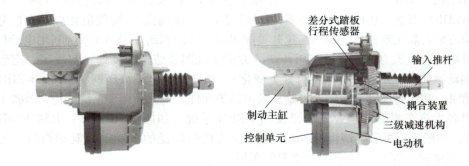

差分式踏板行程传感器　输入推杆　耦合装置　三级减速机构　电动机　制动主缸　控制单元

图 7-6　博世 iBooster 2.0 的结构

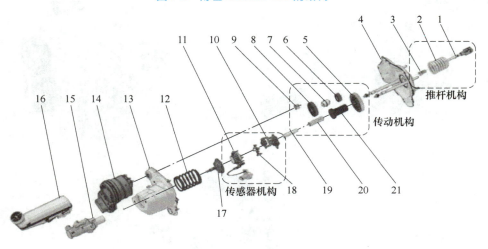

图 7-7　博世 iBooster 2.0 的组成

1—挺杆带内芯杆推杆　2—防尘罩　3—始动力弹簧　4—前壳　5—减速齿轮1　6—减速齿轮2　7—齿轮定位销
8—减速齿轮3　9—电动机输出轴齿轮　10—滑块　11—踏板行程传感器　12—回位弹簧　13—后壳　14—助力电动机
15—制动主缸　16—储液壶　17—主缸推杆　18—内芯杆限位　19—内芯杆　20—丝杠　21—丝杠齿轮

动机、控制单元、减速机构、耦合装置、回位弹簧、助力阀体、制动主缸及踏板行程传感器等组成。与第一代相比，iBooster2.0做了一些改进。iBooster1.0的壳体采用铸造工艺，而二代产品的壳体采用冲压工艺，壳体更加轻薄，体积和质量减小；iBooster1.0采用18个定子线圈和14个磁极的永磁同步电机，iBooster2.0采用12个定子线圈和8个磁极的永磁同步电机；iBooster1.0采用蜗轮蜗杆和齿轮齿条两级减速机构，iBooster2.0采用两级齿轮副和一级滑动丝杠螺母副的三级减速机构；iBooster1.0采用电机转角传感器和踏板行程传感器，iBooster2.0仅采用一个差分式踏板行程传感器。

2. 博世 iBooster 的减速机构

博世 iBooster 2.0 的减速机构为三级减速，如图 7-8 所示。第一级齿轮组由电机齿轮及双齿轮中的大齿轮组成，第二级齿轮组由双齿轮中的小齿轮及轮毂齿轮组成，前两级齿轮副力矩传输方向都没有发生变化。第三级为滑动丝杠螺母副，由丝杠和螺母组成。滑动丝杠螺母副结构简单、紧凑，降速比大，有自锁的功能，运动平稳，且能够保证和提高传动精度。经过三级减速后，力矩方向发生变化，由径向的旋转运动变为轴向的水平运动。

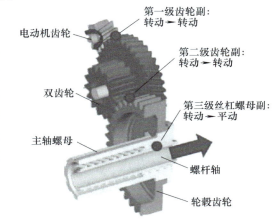

图 7-8　博世 iBooster 2.0 的减速机构

3. 博世 iBooster 的耦合装置

博世 iBooster 的耦合装置主要由输入推杆、螺杆固定轴、橡胶反馈盘、阀体及阀体底座组成，如图 7-9 所示。在耦合装置中，阀体和橡胶反馈盘是最为关键的零件，如图 7-10 所示。当电机的伺服力经由减速机构传递到螺杆轴后，主轴螺母由于具有锁

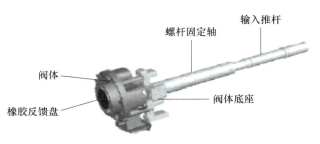

图 7-9　博世 iBooster 的耦合装置

止机构不能向水平移动只能转动，螺杆轴及螺杆固定轴向前移动，阀体座也向前移动，并与阀体的 B 面接触，伺服力就通过助力阀体作用于橡胶反馈盘的副面（外环面），而与制动踏板连接的输入推杆力直接作用于橡胶反馈盘的主面（内圆面）。橡胶反馈盘具有体积不可压缩的特性，伺服力和踏板输入力通过橡胶反馈盘耦合在一起推动主缸活塞产生液压力。

4. 博世 iBooster 的工作原理

当驾驶人踩下制动踏板，输入推杆产生位移，踏板行程传感器检测到输入推杆的位移，并将信号发送至电动机控制单元，控制单元计算出电动机应产生的转矩，并控制电动机工作，电动机转矩经过三级减速机构降速增矩，并通过滑动丝杠将旋转运动变为直线运动，通过耦合装置与驾驶人脚踩的踏板力共同作用在制动主缸的活塞上，产生制动压力，制动主缸、储液罐等与传统制动系统所用保持一致，制动主缸与 ESP 液压调节单元相连。iBooster除了可以实现常规制动功能，还可以实现主动制动和失效备份制动功能，如图 7-11 所示。

（1）主动制动　紧急情况下，在没有驾驶人参与时，根据上层控制器要求自动建立制

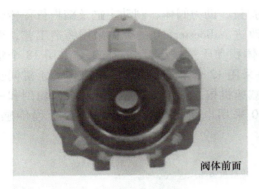

阀体前面

B面

阀体后面

反馈盘前面

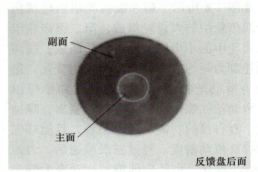

副面

主面

反馈盘后面

图7-10 阀体和橡胶反馈盘实物图

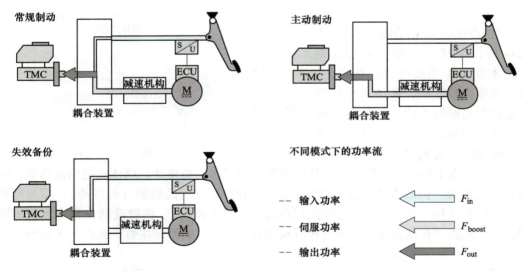

图7-11 iBooster制动功能示意图

动液压。实现全制动液压的时间约为传统制动系统的1/3，从而明显地缩短制动距离以避免发生交通事故，或者在不可避免发生事故的情况下减小碰撞速度，从而降低人员伤亡的风险。

（2）失效备份 iBooster采用了双安全失效模式。第一道安全失效模式将两种故障情况考虑在内。如果车载电源不能满负载运行，那么iBooster以节能模式工作，以避免给车辆电气系统增加不必要的负荷，同时防止车载电源发生故障。若 iBooster 发生故障，ESP HEV 单元会接管并提供制动助力。在上述两种情况下，制动系统均可在 200N 的踏板力作用下提供 0.4g 的减速度，在更大踏板力乃至完全减速时同样如此。在第二道安全失效模式，如果车载电源失效（即断电模式下），可将机械推动力方式作为备用，驾驶人可以通过无制动助力的纯液压模式对 4 个车轮施加车轮制动，使车辆安全停车，同时满足所有法规要求。

7.3.3　电子机械制动系统

电子机械制动（EMB）系统由车轮制动模块、中央控制模块、制动踏板模拟器、传感器、电源等组成，如图 7-12 所示。

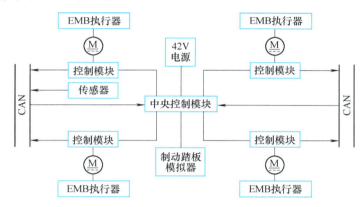

图 7-12　EMB 系统框图

1. 车轮制动模块

车轮制动模块由 EMB 执行器及其控制器等组成。其中，EMB 执行器有两种方案：一种是集成了力矩传感器；第二种是没有集成力矩传感器。EMB 执行器作为制动系统的制动执行机构，也是其核心部件，用来产生对制动盘的夹紧力，其性能直接影响制动的效果。它一般有 3 个基本组成部分：电动机、传动装置和制动钳。EMB 执行器中的电动机经减速装置减速增矩，再由运动转换装置将旋转运动转换为直线运动，驱动制动钳对制动盘进行制动，电动机的运动由 EMB 控制器控制，并由执行器驱动。

对 EMB 执行器的结构和性能有以下几点要求：

1）电动机要小巧而又能提供足够大的力矩。

2）传动装置能减速增矩，还要将旋转运动转换为直线运动。

3）整个机构要工作迅速，反应灵敏。

4）能自动补偿制动间隙，并能实现驻车制动。

5）有良好的散热性。

6）整个执行器结构紧凑，体积小，重量轻，便于安装。

7）有足够的强度和使用寿命，以保证安全可靠。

2. 中央控制模块

中央控制模块的功能包括：接收制动踏板发出的信号，控制制动；接收驻车制动信号，控制驻车制动；接收车轮传感器信号，识别车轮是否抱死、打滑等，控制车轮制动力，实现防抱死和驱动防滑。由于未来车辆的各种控制系统（如卫星定位/导航系统、自动变速系统、无级转向系统、悬架系统等的控制系统）与制动系统高度集成，所以控制器还得兼顾对这些系统的控制。

3. 制动踏板模拟器

在 EMB 系统中，已经不需要制动液，而是由电动机来产生制动力矩，但是由于长期使用传统的制动器会形成一定的驾驶习惯，因此需要一个踏板模拟器来模拟传统制动器的驾驶感受。制动踏板模拟器必须满足的条件是能辨识出驾驶人踩制动踏板的程度，从而产生近似大小的制动力矩；把路面状况反馈给驾驶人，便于操纵；模拟传统制动踏板的特性以适应驾驶人养成的驾驶习惯。

4. 典型的 EMB 执行机构

（1）滚珠丝杠增力机构型　滚珠丝杠增力机构型 EMB 执行机构如图 7-13 所示。该执行机构力矩电动机内置，转子与螺母相啮合，螺母和心轴固结在一起。当电动机工作时，转子转动，使螺母和心轴做轴向运动，就把圆周运动转化为了直线运动。心轴轴向推动增力杠杆和压力盘。杠杆的末端插在制动器缸内的凹槽内，能够绕凹槽转动，在图中采用铰链表示。压力盘把力传递给传动套筒，套筒和制动活塞之间通过螺纹传动，这个螺纹传动副是不自锁的。制动活塞推动浮动制动钳块产生制动力矩。

橡胶密封环和弹簧的主要作用是制动后使制动活塞等零件回位。当制动活塞向右移动时，制动活塞使密封橡胶密封环产生弹性变形，产生了作用在制动活塞上的回位力。当制动结束后，在橡胶密封环的弹性形变力作用下，传动套筒和制动活塞被推回到制动前的位置上。

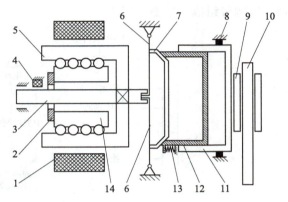

图 7-13　滚珠丝杠增力机构型 EMB 执行机构

1—定子　2—压电式力传感器　3—心轴
4—位移传感器　5—螺母　6—增力杠杆　7—压力盘
8—橡胶密封环　9—制动块　10—制动盘
11—制动活塞　12—传动套筒　13—弹簧　14—转子

该机构还具备间隙自动调整功能。当制动块磨损比较严重时，制动活塞的行程超出了橡胶密封环形变量时，二者发生相对滑动。制动卸载时，橡胶密封环带动制动活塞回位。由于制动活塞和橡胶密封环发生相对运动，因此制动活塞返回的行程一定小于制动前走过的行程，于是传动套筒和压力盘之间出现了空隙。传动套筒从制动活塞的内腔中被弹簧推出，直到与压力盘再次接触，退出的行程恰好等于磨损掉的厚度。

（2）行星轮系滚柱丝杠型　行星轮系滚柱丝杠型 EMB 执行机构主要由内置电动机、滚珠丝杠、行星轮系、棘轮锁止机构构成，如图 7-14 所示。该机构包含有一

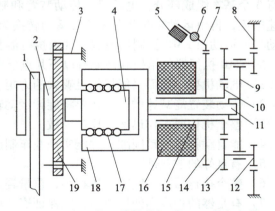

图 7-14　行星轮系滚柱丝杠型 EMB 执行机构

1—制动盘　2—制动块　3—销杆　4—螺旋心轴
5—电磁铁　6—销钉　7—棘轮　8—齿圈　9—行星轮架
10、14—齿轮　11—螺母轴颈　12、13—行星轮
15—转子　16—定子　17—钢珠　18—螺旋螺母　19—压盘

个力矩电动机，一级丝杠螺母减速部分由螺旋螺母、螺旋心轴和大量的钢珠组成，这三者构成了一个球螺旋机构。二级减速齿轮由齿圈、行星轮架和行星轮 12、13 组成，这是一个行星轮系。当电动机转子转动时，其上的齿轮带动二级减速齿轮部分的行星轮转动，同时另一侧的行星轮与齿圈相啮合，这样力矩便通过旋转的行星轮架传递给了一级减速机构中的螺母轴颈。当螺旋螺母由二级减速齿轮驱动旋转时，通过球螺旋副螺旋心轴产生向左的平动，推动压盘和制动块与制动盘接触，产生制动力矩。

行星轮系滚柱丝杠型 EMB 执行机构还有一个棘轮机构用于实现驻车功能，通过电磁铁的通断电，可以使棘爪绕销钉转动，来控制电动机转子是否旋转。当电动机转子不转动时，可以保持住制动力，达到驻车的目的。

行星轮系滚柱丝杠型 EMB 执行机构电动机内置，行星轮系布置简单、结构紧凑，具有间隙自调的功能。

（3）电磁离合器式 电磁离合器式 EMB 执行机构主要由电动机、两组行星轮系、两组电磁离合器、滚柱丝杠构成，如图 7-15 所示。动力由电动机输入端输入给内部的两个行星轮系 10、12，然后传递给螺纹心轴，经螺纹心轴、螺母和螺纹滚柱构成的行星滚柱丝杠，将螺纹心轴的旋转运动转化为螺母的直线运动。螺母推动制动块，将制动力施加在制动盘上。在两个行星轮系 10、12 之间有两套电磁离合器 7、11，用于控制行星轮系 10、12 的配合，完成如下 4 种工况。

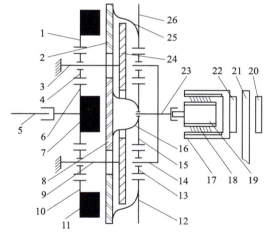

图 7-15 电磁离合器式 EMB 执行机构

1、26—齿圈 2、8—衔铁盘 3、9—销钉
4、13—衔铁行星轮 5—电动机输入轴 6、15—太阳轮
7、11—电磁离合器 10、12—行星轮系 14—行星架
16、25—杯形弹簧 17—螺母 18—螺纹滚柱
19—螺纹心轴 20、22—制动垫块 21—制动盘
23—行星架输出轴 24—制动环

1）快速制动。电磁离合器 7 通电，吸合衔铁盘 8，电动机驱动太阳轮 15，行星架带动滚柱丝杠工作。该工况减速比低，能快速消除间隙。

2）增大制动力。电磁离合器 7、11 同时通电，衔铁盘 8、2 被吸合。齿圈 26 随齿圈 1 转动。此时，第二行星轮系相当于一个差速器。由于行星轮 4 比行星轮 13 的直径大，行星架相比于快速制动工况同向低速转动。该工况减速比大，转矩增大，制动力也大大增加。

3）解除制动。电磁离合器 7 断电，电磁离合器 11 通电。太阳轮 15 不转动。电动机保持转动方向，通过齿圈 1 带动齿圈 26 转动，驱使行星架反向转动以解除制动。

4）保持制动与驻车。两个电磁离合器 7、11 都断电，杯形弹簧 16、25 使两衔铁盘 8、2 压紧在制动环上，太阳轮 15 和齿圈 26 都停止转动，行星架也不转动，滚珠丝杠机构被锁死，制动力得到保持。

电磁离合器式 EMB 执行机构利用电磁离合器和行星轮系实现变减速比，提高机构响应速度，具有保持制动的功能，但结构复杂且轴向尺寸偏大，需要手动调整制动盘和制动块的间隙。

7.3.4　再生制动系统

再生制动是电动汽车独有的，在减速制动（制动或者下坡）时将车辆的部分动能转化为电能，转化的电能储存在储存装置中，如动力蓄电池、超级电容器和高速飞轮，最终增加电动汽车的续驶里程。若储能器已经被完全充满，再生制动就无法实现，所需的制动力只能由常规的液压制动系统来提供。现在几乎所有的电动汽车都安装了再生液压制动系统，从而可以实现节约制动能、回收部分制动动能，并为驾驶人提供常规制动性能。图7-16所示为电动汽车能量转换图。

行驶过程中，驾驶人松开加速踏板滑行或踩下制动踏板减速时，再生制动系统起动。正

图 7-16　电动汽车能量转换图

常减速时，再生制动的力矩一般保持在最大负荷状态。电动汽车高速巡航时，其驱动电机通常是在恒功率状态下运行，驱动力矩与驱动电机的转速或者车辆速度成反比。所以，恒功率下驱动电机的转速越高，再生制动的能力就越差。另外，当踩下制动踏板时，驱动电机一般运行在低速状态。因为在低速时，电动汽车的动能不足以为驱动电机提供能量来产生最大的制动力矩，所以再生制动能力会随着车速降低而减小。图7-17所示为再生制动和液压制动的车速变化曲线。电动汽车的再生制动力矩一般不能像传统燃油汽车中的制动系统一样提供足够的

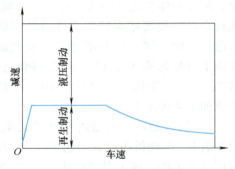

图 7-17　再生制动和液压制动的车
速变化曲线

制动减速度，因此，在电动汽车中再生制动和液压制动系统一般共同存在。只有当再生制动已经达到了最大制动能力但仍无法满足制动要求时，液压制动才起作用。

电动汽车采用的再生液压混合制动系统的基本结构如图7-18所示。驾驶人踩下制动踏板后，电动泵使制动液增压产生所需的制动力。制动控制和驱动电动机控制协同工作，确定电动汽车上的再生制动力矩与前、后轮上的液压制动力。再生制动时，再生制动控制回收再生制动能量，并且反充至动力蓄电池中。电动汽车上的ABS及其制动比例控制阀（ABS的扩展功能EBD元件）的作用和传统燃油汽车上的相同，即产生最大的制动力。电动泵能够利用现有汽车ABS扩展功能中的ESP电动供能泵作为压力源。

电动汽车上的总制动力矩是再生制动力矩与液压制动力矩之和。它们之间的分配比例关系如图7-19所示，目的是保持最大再生制动力矩的同时为驾驶人提供和燃油汽车相同的制动感。当制动踏板力较小时，只有再生制动力矩施加在驱动轮上，才能和制动踏板力成正比。非驱动轮上的制动力由液压制动提供，液压制动力和制动踏板力成正比。当制动踏板力

超过一定值时，最大再生制动力矩全部加在驱动轮上，同时液压制动力矩作用在驱动轮上以得到所需的制动力矩。因而最大再生制动力矩可以保持不变，以便能够完全回收车辆的动能。

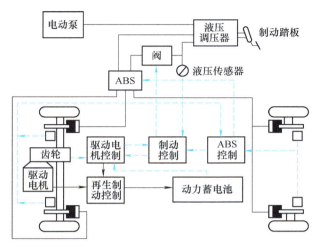

图 7-18　再生液压混合制动系统的基本结构

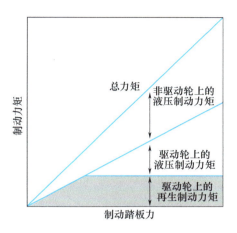

图 7-19　再生制动力矩与液压制动力矩的分配比例关系

7.3.5　电动汽车能量回馈控制

能量回馈指驱动电机在再生制动模式下工作。在制动过程中，控制驱动器使电流方向和正向运行时相反，便会产生制动力矩。当产生的电压高于动力蓄电池电压时，可以将电流回馈到动力蓄电池，达到能量回馈的目的。

目前的电动汽车存在着动力蓄电池能量低、充电时间长等问题，而电动汽车的频繁起动、制动又消耗了大量能量。车辆在基本城市循环中，约 17.44% 的时间处于减速过程，回馈制动潜力非常大。能量回馈制动系统在汽车制动时可以将能量回馈到动力蓄电池，以提高整车运行效率及电动汽车的续驶里程。同时，能量回馈制动系统可以实现汽车的电气制动。能量回馈制动控制技术已经成为电动汽车的核心技术之一。

单相回馈制动电动汽车用无刷直流电机的回馈制动分为两种情况：一种是驱动电机转速超过基速，通过驱动器直接向动力蓄电池回馈电能，同时提供制动的电磁转矩，如下坡时可能出现此种情况；更多的时候则是另一种情况，即出现在车速未超过基速时的减速过程中，驱动电机处于发电状态，将电动汽车减速过程中的部分动能回馈给动力蓄电池。驱动电机进入发电工作状态，其发电电压必须高于动力蓄电池电压才能输出电功率，因此需要对制动过程进行有效控制。

电动汽车用无刷直流电动机驱动系统的能量回馈过程应受到车辆运行状态的限制。能量回馈过程还要受到制动安全和蓄电池充电安全等条件的限制，如蓄电池 SOC、驱动电机的回馈能力和当前转速等。回馈制动控制策略需要和整车制动要求紧密结合。在实际应用中，回馈制动需满足一定的约束条件，并采取相应的控制策略。

在回馈制动过程中，一般可采用的控制策略包括最大回馈功率控制、最大回馈效率控制、恒转矩控制等。在恒转矩控制策略下，可以使整车保持制动需求的减速度完成制动过程，使得制动过程满足制动力矩需求。在回馈制动状态下，制动力矩由驱动电机的电磁转矩提供。对于永磁无刷直流电机，驱动电机的电磁转矩正比于驱动电机的电流，所以可以通过控制回馈电流的大小来控制制动力矩的大小，实现对制动过程的控制。

7.4　电动助力转向系统

现代汽车的转向系统已经从最初的机械式转向、液压助力转向（HPS）发展到电动助力转向。图7-20所示为 HPS 系统（车速感应型）。随着微电子控制技术在汽车领域的广泛使用，以及世界节能、环保两大主题的推广，EPS 的优越性越来越突显。

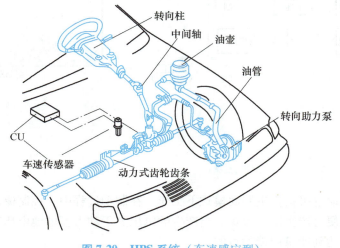

图 7-20　HPS 系统（车速感应型）

学习电动助力
转向系统

电动转向与液压转向相比有以下优点：

1）不转向时，不消耗功率。

2）改善车辆操纵性能。助力的大小，可以通过控制单元中的软件，很容易地实现随车速等的变化而变化。

3）结构紧凑、重量轻。

4）工作时噪声小。

5）比液压转向系统结构简单，无油泵、液压油、橡胶软管、油罐等。

6）符合环保要求，车辆报废时，不需要处理液压油、橡胶软管等，也无液压油的泄漏问题。

7）安装简化（特别对于发动机后置和中置的车辆），装配时可节省时间。

7.4.1　电动助力转向系统的分类

根据电动助力转向单元在电动转向系统中安装位置的不同，EPS 可分为以下几种类型（图7-21）：

1）转向柱型 EPS。动力辅助单元、控制器、力矩传感器等都装在转向柱上，系统结构紧凑，固定式转向柱、倾斜式转向柱以及其他形式的转向柱都能安装。这种结构适用于中型车辆，是典型的 EPS 结构形式。

2）齿条型 EPS。动力辅助单元安装在转向机构的齿条上，可以装在齿条的任何位置，使得结构设计、布置更加灵活。动力辅助单元的大减速比，使得惯性很小且转向轻便。

3）小齿轮型 EPS。其动力辅助单元安装在转向机构的小齿轮轴上。如果将它与可变速比的转向器结合在一起，该系统的操纵特性会非常好。

4）直接驱动型 EPS。其转向齿条与动力辅助单元形成一个部件。该系统很紧凑，而且容易将它布置在前机舱内。由于直接对齿条助力，摩擦与惯性都很小，因而转向轻便。

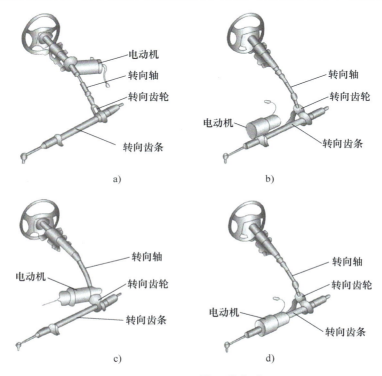

图 7-21　EPS 的几种类型

a）转向柱型　b）齿条型　c）小齿轮型　d）直接驱动型

7.4.2　电动助力转向（EPS）系统的工作原理

如图 7-22 所示，汽车在转向时，转矩传感器把采集到的转向盘转矩和转动方向信号、车速传感器把采集到的汽车行驶速度信号，通过数据总线发送给电控单元（ECU），ECU 根据转向盘转矩、转动方向、行驶速度等数据信号，进行综合逻辑分析与计算后，选择一条合适的助力特性曲线，向助力电动机控制器发出动作指令，通过驱动芯片使功率器件按一定的占空比导通，电动机按转向盘转动的速度和方向产生所需的助力转矩，协助驾驶人进行转向操纵，从而实现助力转向。

ECU 根据各传感器输入的信号，通过查询控制策略表确定控制参数，并根据控制参数控制电动机转动。另外，ECU 需要对系统进行故障诊断，一旦发现故障，将中断对电动机供电，EPS 的故障指示灯亮，并将故障以代码的形式进行存储。

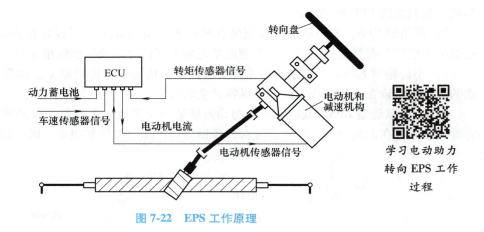

图 7-22　EPS 工作原理

学习电动助力
转向 EPS 工作
过程

7.4.3　电动线控转向系统的结构和工作原理

1. 电动线控转向系统的结构

如图 7-23 所示，电动线控转向系统由转向盘总成、转向执行总成和主控制器（ECU）以及自动防故障系统、电源等辅助系统组成。

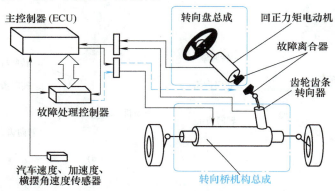

图 7-23　电动线控转向系统的结构

转向盘总成的主要功能是将驾驶人的转向意图（通过测量转向盘转角）转换成数字信号，并传递给主控制器。同时，接受主控制器送来的力矩信号产生转向盘回正力矩，以提供给驾驶人相应的路感信息。

转向执行总成包括前轮转角传感器、转向执行电动机、转向电动机控制器和前轮转向组件等。转向执行总成的功能是接受主控制器的命令，通过转向电动机控制器控制转向车轮转动，实现驾驶人的转向意图。

主控制器对采集的信号进行分析处理，判别汽车的运动状态，向转向盘回正力矩电动机和转向电动机发送指令，控制两个电动机的工作，保证各种工况下都具有理想的车辆响应，以减少驾驶人对汽车转向特性随车速变化的补偿任务，减轻驾驶人负担。同时，控制器对驾驶人的操作指令进行识别，判定在当前状态下驾驶人的转向操作是否合理。当汽车处于非稳定状态或驾驶人发出错误指令时，线控转向系统会将驾驶人错误的转向操作屏蔽，而自动进行稳定控制，使汽车尽快地恢复到稳定状态。

自动防故障系统是电动线控转向系统的重要模块，它包括一系列的监控和实施算法，针对不同的故障形式和故障等级做出相应的处理，以求最大限度地保持汽车的正常行驶。

电源承担着控制器、两个执行电动机以及其他车用电器的供电任务。

2. 电动线控转向系统的工作原理

传统汽车转向系统是一种机械系统，汽车的转向运动是由驾驶人操纵转向盘，通过转向器和一系列的杆件传递到转向车轮而实现的。汽车电动线控转向系统取消了转向盘与转向轮之间的机械连接，完全由电能实现转向，摆脱了传统转向系统的各种限制。它不但可以自由设计汽车转向的力传递特性，而且可以设计汽车转向的角传递特性。

电动线控转向系统的工作原理框图如图 7-24 所示。用传感器检测驾驶人的转向意图，然后通过数据总线将信号传递给 ECU，并从转向控制系统获得反馈命令。转向控制系统从转向操纵机构获得驾驶人的转向指令，并从转向系统获得车轮情况，从而指挥整个转向系统的运动。转向系统控制车轮转到需要的角度，并将车轮的转角和转矩反馈到系统的其余部分，如转向操纵机构，以使驾驶人获得路感。这种路感的大小可以根据不同的情况由转向控制系统控制。

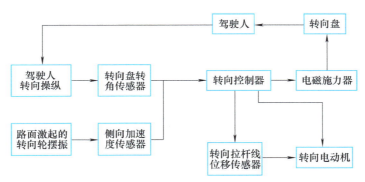

图 7-24　电动线控转向系统的工作原理框图

驾驶人的转向意图（通过转向柱上的转向盘转角传感器输出转向盘左转或右转的转角信号）转换成数字信号并传递给转向控制器。在转向拉杆上安装有一个线位移传感器，利用转向拉杆左、右移动的位移量 s 来反映转向车轮转角的大小，即转向控制器根据转向盘转角计算出拉杆的位移量 s。当转向拉杆的位移量达到所需值时，转向控制器切断转向电动机的电源，转向车轮的偏转角不再改变。由于所选用的转向电动机是蜗轮蜗杆式减速电动机，不能逆向传动，因此，转向车轮可保持所设定的偏转角不变。当再次改变转向盘转角的大小时，转向控制器便重复上述控制过程，并计算出新的转向拉杆的位移量 s'。转向拉杆的位移量达到 s 时，转向控制器再次切断转向电动机的电源，汽车便保持新的转向状态。这种转向轮偏转角 p 随转向盘转角的变化而变化的功能，就是转向随动作用。

3. 线控转向中的特殊问题

（1）系统的安全性问题　为了确保汽车行驶安全，转向系统必须配备安全模块和自检模块以确保系统安全可靠地运行和方便维修。对于机械系统，可以通过设计来实现系统的安全性和可靠性，就像机械转向系统和助力转向系统一样。线控转向系统中转向盘与转向轮之间不再存在机械连接，完全依靠电子和电气元件来工作，因此要实现系统的安全性和可靠性，就需要采用容错技术。

（2）路感模拟　由于转向盘和转向车轮之间无机械连接，反馈给驾驶人的"路感"必须通过模拟生成。在回正力矩控制方面可以从信号中提出最能够反映汽车实际行驶状态和路面状况的信息，作为转向盘回正力矩的控制变量，使转向盘仅仅向驾驶人提供有用信息，从而为驾驶人提供更为真实的"路感"。

线控转向系统的转向盘力感模拟可以通过两种方法来实现：一种是采用驾驶模拟器中转向盘力矩模拟的方法（即转向系统动力学建模方法）模拟传统转向系统的路感特性，动力学模型中不考虑转向系统的干摩擦会更利于驾驶人感知真实的路面状况；另一种是模拟法，通过建立基于经验的转向盘回正力矩算法模型，通过驾驶人主观评价方法确定经验模型中的参数。这种方法由于简单实用，而被大多数线控转向系统采用。

7.5　电动冷却系统

电动汽车动力系统冷却方式分为风冷和液冷两种。风冷系统的效率低，温度控制不精准。液冷系统效率高，温度控制精准。某车型动力系统水冷系统部件位置如图7-25所示。

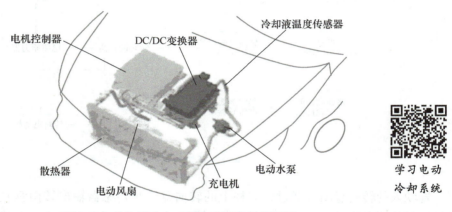

图7-25　某车型动力系统水冷系统部件位置

与传统汽车相比，电动汽车的冷却方式发生了相应的变化，风冷（强制风冷）对于电动汽车已经不再适用。研究表明，油冷的相对冷却能力为强制风冷的20倍以上，水冷的冷却能力为强制风冷的50倍以上。因而，液冷系统是电动汽车冷却系统的必然选择。

电动汽车冷却系统一般由散热器、水泵、风扇、储液罐和温度调节装置等组成，如图7-26所示。传统汽车的水泵和风扇可以由发动机直接带动，而电动汽车必须有独立的驱动方式，即使用电动水泵和电动风扇，同时这些部件的电动化使冷却系统可以根据需要进行调整。

7.5.1　电动汽车冷却系统的构成及工作原理

1. 电动汽车冷却系统的构成

电动汽车冷却系统的构成如图7-27所示。电动汽车的冷却系统主要包括由冷却管路依

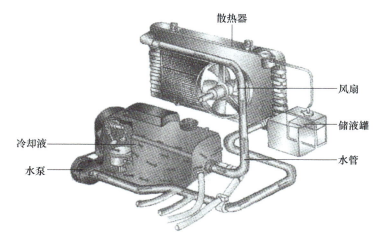

图 7-26　电动汽车冷却系统

次连接在一起的散热器、电动水泵、冷却液温度传感器、充电机、DC/DC 变换器、电机控制器、电动机和补偿水壶。其中，冷却管路内充满冷却液，散热器上装有加强冷却的电动风扇。

散热器的作用是冷却系统内部的冷却液。电动水泵的作用是为系统内部冷却液提供动力。电动风扇的作用是加强散热器的冷却能力。冷却液温度传感器的作用是检测系统内部冷却液的温度。

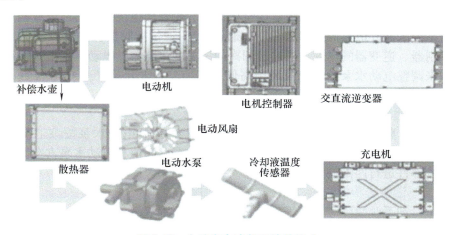

图 7-27　电动汽车冷却系统的构成

2. 冷却系统工作原理

冷却系统控制包含热管理模块控制器及整车控制器，它们通过 CAN 进行通信，隶属于整车 CAN。电动机、电机控制器、充电机及 DC/DC 变换器隶属于动力 CAN 部分。热管理模块控制器通过硬线与电动水泵、冷却液温度传感器、电动风扇连接，进行信息传递。冷却系统工作原理如图 7-28 所示。

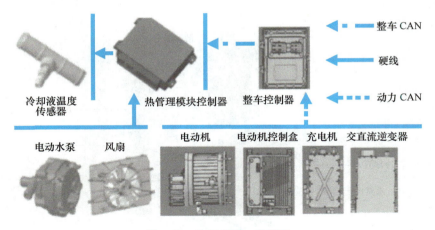

图 7-28　冷却系统工作原理

7.5.2　冷却控制系统

冷却控制系统的功能主要包括：驱动电动水泵，控制电动水泵转速，采集电动水泵反馈信号，将电动水泵运行情况上报整车；驱动电动风扇，控制风扇转速；采集温度信号，对故障信息进行采集及判定；实现与整车控制器的 CAN 通信。电动汽车与传统燃油汽车有所不同，整车运行状态不同，控制方式也不同。电动汽车的工作模式分为车辆运行模式和车辆充电模式，模式不同，动力系统对冷却系统控制的温度及流量便不同。

1. 车辆运行时冷却系统控制

车辆起动运行，点火开关置于 ON 位置，仪表上指示灯"ready"灯开始闪烁时，热管理模块控制器控制电动水泵开始以设定占空比运行。热管理模块控制器通过冷却液温度传感器检测冷却系统水循环散热器的出水温度。通过 CAN 通信实时监测整车控制器发出的电动机、电机控制器、逆变器的温度。通过检测冷却液温度传感器、电动机、电机控制器、逆变器的温度，来调整电动水泵的转速及风扇高低速切换。点火开关置于 OFF 位置，整车下电后，电动水泵延时几秒后关闭。

2. 车辆充电时冷却系统控制

车辆充电时，整车控制器唤醒热管理模块控制器，控制电动水泵按该工况设计进行工作。整车充电完毕，电动水泵延时几秒后关闭。上述温度阈值和电动水泵占空比可以根据不同的动力系统部件进行匹配调节。

3. 冷却系统诊断流程控制

电动汽车冷却系统故障时，热管理模块可检测故障信息，并通过 CAN 信号发给整车控制器。热管理模块控制器在检测到冷却液温度传感器短路或断路时，可控制电动水泵以设定占空比运转，通过 CAN 信号发送冷却液温度传感器故障信号，整车控制器对电动机进行限制功率控制。热管理模块控制器通过电动水泵的输出信号来检测电动水泵是否正常工作。若不正常，风扇高速开启。热管理模块控制器通过 CAN 信号发送电动水泵故障信号，整车控制器对电动机进行限制功率控制，直至车辆停止。整车报三级故障，此时仪表故障灯亮。热管理模块控制器通过电动水泵的输出信号来判定电动水泵故障模式。电动水泵故障模式有过电压、欠电压、过温保护、电流故障、堵转或空转、电动水泵损坏或外围电路故障（插件松动、熔断器烧毁）等。热管理模块控制器可以记忆冷却液温度传感器及电动水泵的故障模式，通过整车的诊断接口，利用诊断仪读取故障信息，以便维修时快速锁定故障原因。

7.5.3　典型车辆的冷却系统

以燃料电池作为动力源的电动汽车，其动力由交流电动机传至车轮。在此车辆中需考虑冷却散热的辅助装置，还有进气中冷器（燃料电池反应中需要的氧气是由压缩外界的空气得到的，压气机将空气压缩的同时使其温度升高，所以需要一个冷却器）、空调冷凝器、电动机和控制器。

图 7-29 所示为一个 400W 的水泵驱动冷却液的冷却系统水路流程图。燃料电池组成一个回路，在此回路中还有取暖装置。另一个回路是由电动机和辅助装置组成的，这些部件并联放置，各部件的冷却液流量、压力由各自的散热量决定，并由控制单元进行控制。

图 7-30 所示系统中两个功率为 200kW 的水泵分别给两个循环回路供冷却液。两个散热器并排放置。高温回路的散热器被分为两个部分，一部分用来冷却高温回路，另一部分与辅助低温回路中的散热器共同冷却低温回路。

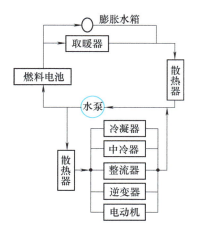

图 7-29　共用一个水泵的冷却系统

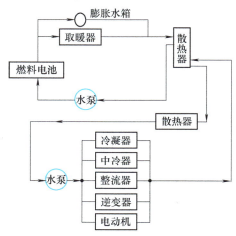

图 7-30　两个水泵的冷却系统

7.5.4　电动冷却系统中的特殊问题

车辆冷却系统的设计应根据部件的散热特点采取相应的冷却措施，形成智能化冷却技术。在选用零部件时，尽量采用技术成熟和通用的零部件，具体要求如下：

1）针对电动汽车的结构特点、车辆内主要热源的散热方式，按照要求选取合适的冷却方式。

2）分析电动汽车冷却性能的影响因素和特点，以及电动汽车各总成的结构参数和布置方式对车辆散热冷却性能的影响，结合相应的试验，对散热器进行设计计算与布置。应使关键性能部件的设计水平达到集成化，部件结构实现模块化，重要部件形成系列化。

3）确定温度、水泵压力及流量、风扇转速等传感器的性能参数，选择或设计加工出性能好、体积小、易于安装的传感器。

4）将各种传感器与电动机制成一个整体，研究合理的安装位置。实现实时工况管理，通过车辆电子控制管理技术实现冷却系统全工况的优化运行。

5）对选用的散热部件进行试验，根据试验数据来修正有关设计、控制参数，以满足电动汽车的性能指标。测试技术应能根据车辆的实际运行情况实现系统及重要部件的实时监控，并进行智能化调节。

7.6 电动空调系统

电动汽车空调装置以及车内环境主要有以下特点：汽车空调系统安装在运动的车辆上，要承受剧烈而频繁的振动与冲击，要求电动汽车空调装置结构中的各个零部件具有足够的抗振动冲击能力和良好的系统气密性能。电动汽车大部分属于短距离代步，乘坐时间较短，加上电动汽车内乘员所占空间比例比较大，产生的热量相对较多，相对热负荷大，要求空调具有快速制冷、制热和低速运行能力。电动汽车空调使用的是车上蓄电池提供的直流电源，压缩机工作效率高，控制可靠性高，维护方便。汽车车身隔热层薄，而且门窗多，玻璃面积大，隔热性能差，电动汽车也不例外，致使车内漏热严重。车内设施高低不平且有座椅，气流分配组织困难，难以做到气流分布均匀。

7.6.1 制冷方式

目前电动汽车可采用的制冷方式有电动压缩机制冷、热电制冷、余热制冷等。

1. 电动压缩机制冷空调系统

电动压缩机制冷系统利用动力蓄电池的直流电，经逆变器为空调压缩机电动机供电，带动压缩机旋转，形成制冷循环，产生制冷效果，如图7-31所示。电动压缩机制冷空调系统相对于传统燃油汽车，不同之处是在结构上，驱动压缩机的动力由发动机改变为由电动机驱动。传统燃油

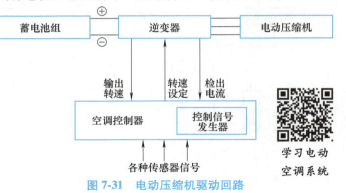

图7-31 电动压缩机驱动回路

汽车空调与电动汽车空调的系统结构分别如图7-32、图7-33所示。

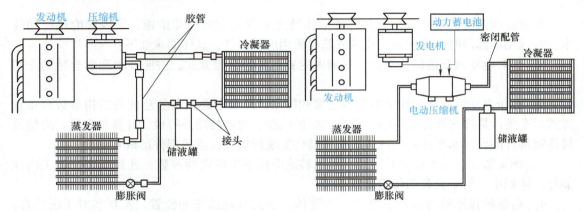

图7-32 传统燃油汽车空调压缩机由发动机驱动　　图7-33 电动汽车空调压缩机由电动机驱动

图 7-34 所示为轿车的电动空调系统。全电动空调系统由电动变频压缩机、冷凝器、储液干燥器、膨胀管、蒸发器及连接管路等组成，如图 7-35 所示。制冷系统工作时，空调变频器提供交流电驱动电动变频压缩机工作，电动变频压缩机从低压管路吸入低温低压气态制冷剂，将其压缩成高温高压气态制冷剂（压缩过程）后通过高压管道送入冷凝器，制冷剂经冷凝器冷却后变为高温高压液态制冷剂（冷凝过程），被送往储液干燥器，经过干燥过滤后，通过高压管道流入膨胀管，经膨胀管小孔节流，变成低温低压雾状的液/气态混合物（降温降压），再被送入蒸发器中，制冷剂在其内膨胀蒸发吸收大量的热量，汽化成低温低压气态制冷剂（蒸发吸热过程），重新被电动变频压缩机吸入进行再循环。在此过程中，鼓风机不断地将蒸发器表面的冷空气吹入车厢内，达到制冷的目的。

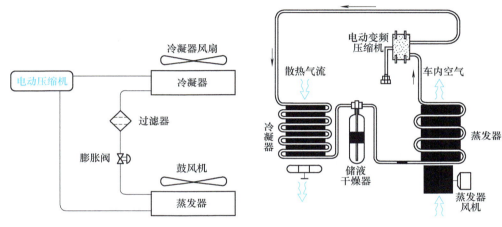

图 7-34　轿车的电动空调系统　　　　图 7-35　全电动空调系统

2. 热电制冷空调系统

热电制冷器也称为珀耳帖制冷器，是一种以半导体材料为基础、可以用作小型热泵的电子器件。在热电制冷器的两端加载一个较低的直流电压，热量就会从其一端传到另一端。此时，制冷器的一端温度就会降低，同时另一端的温度就会上升。

太阳能辅助热电空调系统采用热电制冷系统进行降温，利用高效 PTC 加热元件进行采暖和对风窗玻璃进行除雾/霜。热电制冷空调系统有体积小、适于微型化的优点，比传统的机械压缩式空调系统优越，但也存在着不足，如热电材料的优值系数较低，制冷性能不够理想，并且构成热电元件的主要成分为铋、碲，在汽车上的应用受到碲产量的制约。

3. 余热制冷空调系统

目前利用余热的空调制冷技术主要有氢化物制冷空调、固体吸附式制冷空调以及吸收式制冷空调，其工作原理、特点、系统组成不尽相同。余热制冷空调系统体积大、系统复杂，对燃料电池汽车整车以及蓄电池管理系统要求较高，需定期除垢，并且其仅仅匹配在余热热源比较稳定的燃料电池电动汽车上才具有可行性，不具有解决电动汽车空调系统问题的通用性。

7.6.2　电动压缩机驱动方式

汽车电动空调压缩机的驱动方案主要有电动机（动力蓄电池）+内燃机混合驱动方式、

独立式全电动驱动方式和非独立式全电动驱动方式3种。

1. 电动机（动力蓄电池）+内燃机混合驱动方式

这种方案的空调压缩机如图7-36所示，其特点是内燃机通过带轮驱动压缩机和动力蓄电池通过电动机驱动压缩机联合工作。这种有两个驱动源的混合压缩机，能够实现带轮驱动侧和电动机驱动侧独立或同时运转。这种方案的优点是需要最大制冷量时，带轮侧、电动机侧可同时运转。电动机侧驱动时，能够选择效率最高的运转领域，在发动机怠速停止的情况下，仍能保持满意的工作，并在所有的驾驶条件下满足空调需求，降低功率消耗。这种空调压缩机仅适用于仍保留内燃机的混合动力电动汽车。

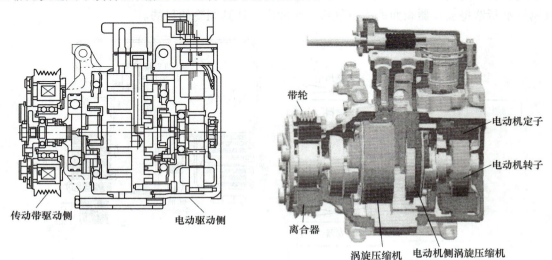

图 7-36　混合驱动空调压缩机

根据汽车行驶工况，可在发动机驱动模式和电动机驱动模式之间切换。在发动机驱动模式下，压缩机由发动机通过传动带驱动。在汽车临时停车（如遭遇交通堵塞）或持续减速时切换到电动机驱动模式，由动力蓄电池提供能量。

2. 独立式全电动驱动方式

独立式全电动空调压缩机是将电动机与压缩机泵体封闭在同一个密封壳体内，直接使用动力蓄电池供电，其结构紧凑。图7-37所示为全电动压缩机。

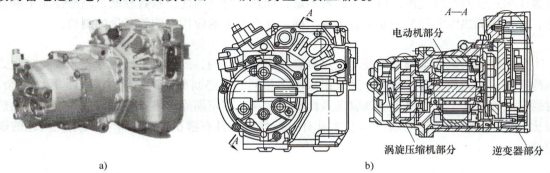

a)　　　　　　　　　　　　　　　　b)

图 7-37　全电动压缩机

a）外形　b）剖面

独立式全电动空调系统具有以下优点：

1）空调压缩机由电动机直接驱动，可通过压缩机的转速调节制冷量。

2）空调与驱动电机的运转各自独立，空调的运转不受汽车行驶状况影响。

3）采用电动机内置的封闭式结构，避免了轴封处及其他连接部位处因难以密封造成的制冷剂泄漏。同时，可以用金属管替代易渗透的制冷剂橡胶软管，大大减少制冷剂的泄漏。

4）不需要电磁离合器控制压缩机运转，消除了离合器吸合、脱开时产生的噪声，也消除了周期性离合对空调出风温度的波动（图7-38），且开机后迅速达到设定温度，然后转入低速节能运行，保持温度稳定，舒适性提高。

5）安装灵活。压缩机安装位置不受限制，可根据整车总体布置、车室的噪声和振动及空调系统的配置灵活布管，提高整车布置设计自由度。

6）体积小、重量轻，有利于降低车辆整备质量。

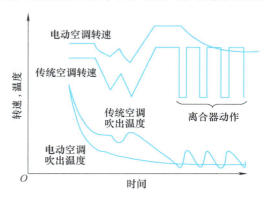

图 7-38　电动空调消除周期性离合对空调出风温度的波动

3. 非独立式全电动驱动方式

非独立式全电动空调系统的空调制冷压缩机通过驱动电机驱动，如图7-39所示，压缩机运行工况的控制可通过电磁离合器的接合、分离来实现，此时压缩机虽然也是电驱动，但与车辆行驶相关。早期的戴克燃料电池大客车曾采用此方案，现基本不采用了。

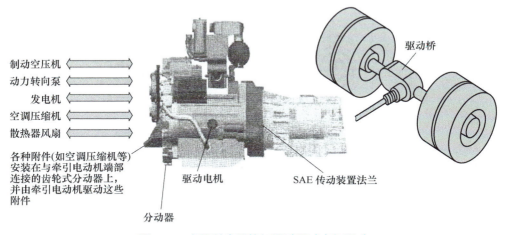

图 7-39　空调制冷压缩机通过驱动电机驱动

7.6.3　电动变排量涡旋式制冷压缩机

1. 结构

如图7-40所示，电动变频压缩机包含一对螺旋线缠绕的固定蜗形管和可变蜗形管、无刷电动机、挡油板和电动机轴。固定蜗形管安装在壳体上，轴的旋转引起可变蜗形管在保持原位置不变时发生转动，这时，由这对蜗形管隔开的空间大小发生变化，实现制冷剂的吸入、压缩和排出等功能。将进气管直接放在蜗形管上可以直接吸气，从而可以提高进气效率。压缩机中有一个内置挡油板，可以挡住制冷循环过程中与气态制冷剂混合的压缩机油，使气态制冷剂循环顺畅，从而降低机油的循环率。

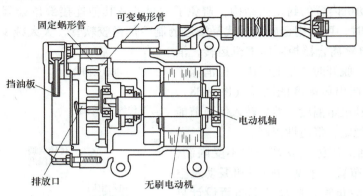

图 7-40　电动变频压缩机的结构

2. 工作原理

电动变排量涡旋式制冷压缩机的工作原理如图 7-41 所示，分为 3 个过程：

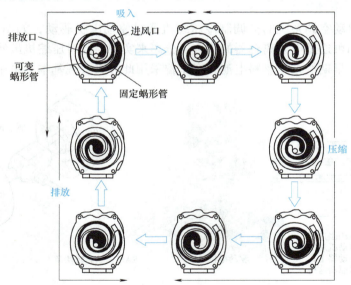

图 7-41　电动变排量涡旋式制冷压缩机的工作原理

（1）吸入过程　在固定蜗形管和可变蜗形管间产生的压缩室的容量随着可变蜗形管的旋转而增大，这时气态制冷剂从进风口吸入。

（2）压缩过程　随着可变蜗形管继续转动，压缩室的容量逐渐减小，吸入的气态制冷剂逐渐压缩并被排到固定蜗形管的中心。当可变蜗形管旋转约两周后，制冷剂的压缩过程完成。

（3）排放过程　气态制冷剂压缩完成而压力较高时，按压排放阀可使气态制冷剂通过固定蜗形管中心排放口排出。

参 考 文 献

［1］李涵武．电动汽车技术［M］．北京：化学工业出版社，2014．

［2］付主木．电动汽车运用技术［M］．北京：机械工业出版社，2014．

［3］门保全，秦冲．电动汽车［M］．湘潭：湘潭大学出版社，2010．

［4］胡骅，宋慧．电动汽车［M］．北京：人民交通出版社，2012．

［5］赵振宁．新能源汽车技术［M］．北京：人民交通出版社，2013．

［6］麻友良，严运兵．电动汽车概论［M］．北京：机械工业出版社，2012．

［7］赵立军．电动汽车测试与评价［M］．北京：北京大学出版社，2012．

［8］邹国棠．电动汽车的新型驱动技术［M］．北京：机械工业出版社，2015．

［9］陈全世．先进的电动汽车技术［M］．北京：化学工业出版社，2013．

［10］何洪文．电动汽车原理与构造［M］．2版．北京：机械工业出版社，2018．